KB262595

모방의 힘

이 책은 방일영문화재단의 지원을 받아 저술 · 출판되었습니다.

창조가 쉬워지는
모방의 힘

김남국 지음

위즈덤하우스

이제, 창조가 쉬워진다

모방은 창조와 대립하는 개념일까?

세계 최대 유통업체 월마트를 창업한 샘 월튼 회장은 "나는 아이디어로 충만한 사람이 아니다. 대부분 아이디어는 다른 회사로부터 얻었다"고 말했다. 실제로 그는 고객들이 카트를 끌고 쇼핑하는 형태의 작은 외국계 유통점을 방문하고 나서 아이디어를 얻어 창업을 결심했다. 이후에도 유통 혁명이 일어나는 현장에서 수많은 업체들을 모방하기 위해 그의 노트는 항상 빼곡한 글씨로 가득 차 있었다.

위대한 사업가뿐만 아니라 위대한 예술가들도 알고 보면 모방의 천재들이다. 타고난 천재성을 인정받았던 모차르트의 어린 시절 작품은 하이든을 모방한 것이다. 푸슈킨도 기존 작가들의 작품 냄새가 짙게 배어나오는 작품들이 부지기수다. 천재 화가 피카소도 기존 작품에서 영감을 받아 수많은 걸작들을 만들어냈다.

하늘 아래 완전히 새로운 것은 없다. 비즈니스든 예술이든 어떤 분야에서 일가—家를 이루기까지 사람들은 수없이 학습하고 배워야 한다. 이 과정에서 이미 인류가 만들어놓은 지식과 기술이 영감의 원천으로 작용한다. 과거 지식의 도움 없이 완전히 새로운 지식을 창출하는 것은 원천적으로 불가능한 것이다.

따라서 모방과 창조를 대립하는 개념으로 보는 시각은 잘못이다. 창조는 모방에서 출발한다. 모방 없이 창조는 불가능하다. 이미 누군가가 만들어놓은 지식이 없다면 우리는 아무것도 창조할 수 없다. 그러니 모방과 창조는 사실상 같은 활동이다.

이 책은 창조와 모방에 관한 책이다. 모방이 창조의 원천이 된다는 내용의 책은 이미 여러 권 출간됐다. 하지만 모방과 창조의 개념에 대한 명확한 규정은 이뤄지지 않았다. 모방 행동의 다양한 스펙트럼을 명확하게 정리하고, 각 해당 범주별 개념과 의미를 제시한 지식도 아직까지는 없었다. 또 모방을 통한 창조, 혹은 창조형 모방에 이르는 구체적인 방법론도 부족하다. 때문에 모방의 개념을 모호하게 정의함으로써 모방 행동의 온전한 가치를 알릴 수 없었고, 모방을 통한 창조라는 파괴력 있는 행동을 촉발하지 못하는 문제점도 낳았다.

모방은 다른 층위를 갖고 있다. 그런데 서로 다른 특징을 갖고 있는 모방 행동들을 하나로 뭉뚱그려 생각하기 때문에 모방에 대한 오해와 혼란이 생겼다고 판단한다.

이 책의 1장은 모방으로 인류 역사의 변화를 가져온 실제 사례를 통해 왜 모방이 필요한지를 설명했고, 2장에서는 모방 행동의 유형 분석을 통해 각 유형별로 실천적 의미를 탐구했다. 또한 이런 분석을 토대로 가장 부작용이 적고 혁신적 의미가 큰 창조형 모방의 특징을 규명했다. 그리고 3장에서는 창조형 모방을 가로막는 인지적 한계가 무엇인지 탐구했다. 이후 등장하는 4장의 내용에는 창조형 모방을 활용해 혁신적 아이디어를 내기 위한 5가지 방법론을 제시했다.

방법론을 구체화하는 것은 장점과 단점을 동시에 가진다. 방법론의 장점은 누구나 손쉽게 아이디어를 도출할 수 있는 효과적인 지침을 제시할 수 있다는 점이다. 반면 방법론은 자유로운 아이디어의 발상을 제한할 수도 있다는 단점을 동시에 가진다.

하나의 방식으로 굳어진 틀에 맞추다보면 자칫 붕어빵 같이 똑같은 모양의 결과물만 나올 수 있다. 이런 문제를 방지하기 위해 5가지 방법론을 체계화하면서 창조형 모방을 위해 반드시 필요한 핵심 고려 요소만 제시하려 노력했다. 지나치게 세부적인 도구는 오히려 창의성을 제약할 수 있기 때문에 핵심 고려 요인을 제시하고 구체적인 사례를 통해 그 내용을 설명했다. 그리고 마지막 5장에서는 창조형 모방을 촉발하기 위한 자세와 태도가 무엇인지에 대해 제시했다.

이 책의 집필을 위해 국내외에서 찾아볼 수 있는 '모방을 통한 창조 사례' 312가지를 수집해 분석했다. 이들 사례에 대한 메타 분석을 통해 모방의 유형을 분류했으며 공통적으로 적용할 수 있는 5가지 방법론을 추출했다. 분석 대상이 된 구체적인 사례는 다양한 문헌 조사와 인터뷰, DBR(동아비즈니스리뷰) 제작 과정에서 습득한 경험과 지식 등이 활용됐다. 자료 조사 및 메타 분석 과정에서 DBR 전·현직 제작팀원(이방실, 박용, 한인재, 김유영, 신수정, 최한나, 문권모, 하정민, 정임수, 신성미 기자)들의 열정과 노력, 통찰이 필자의 부족한 지혜와 지식을 채워주는 데 큰 역할을 했다. 또한 동아일보 미래전략연구소 선배와 후배, 동료들 모두 실전 비즈니스를 함께하는 과정에서 필자에게 무한한 지혜와 가르침을 줬다. 학문의 세계로 인도해준 김농재 연세대 교수님께도 감사의 말씀을 전한다. 항상 힘을 준 가족들의 든든한 지원에도 감사 인사를 올린다.

모쪼록 이 책에 제시된 다양한 사례와 방법론이 창조적 아이디어 제시를 위해 노력하고 있는 많은 비즈니스맨들에게 도움이 되기를 기대한다.

김남국

차례

Prologue
이제, 창조가 쉬워진다

the
Power of
Creative
Iimitation

세상을 바꾼 창조는 모방에서 시작되었다

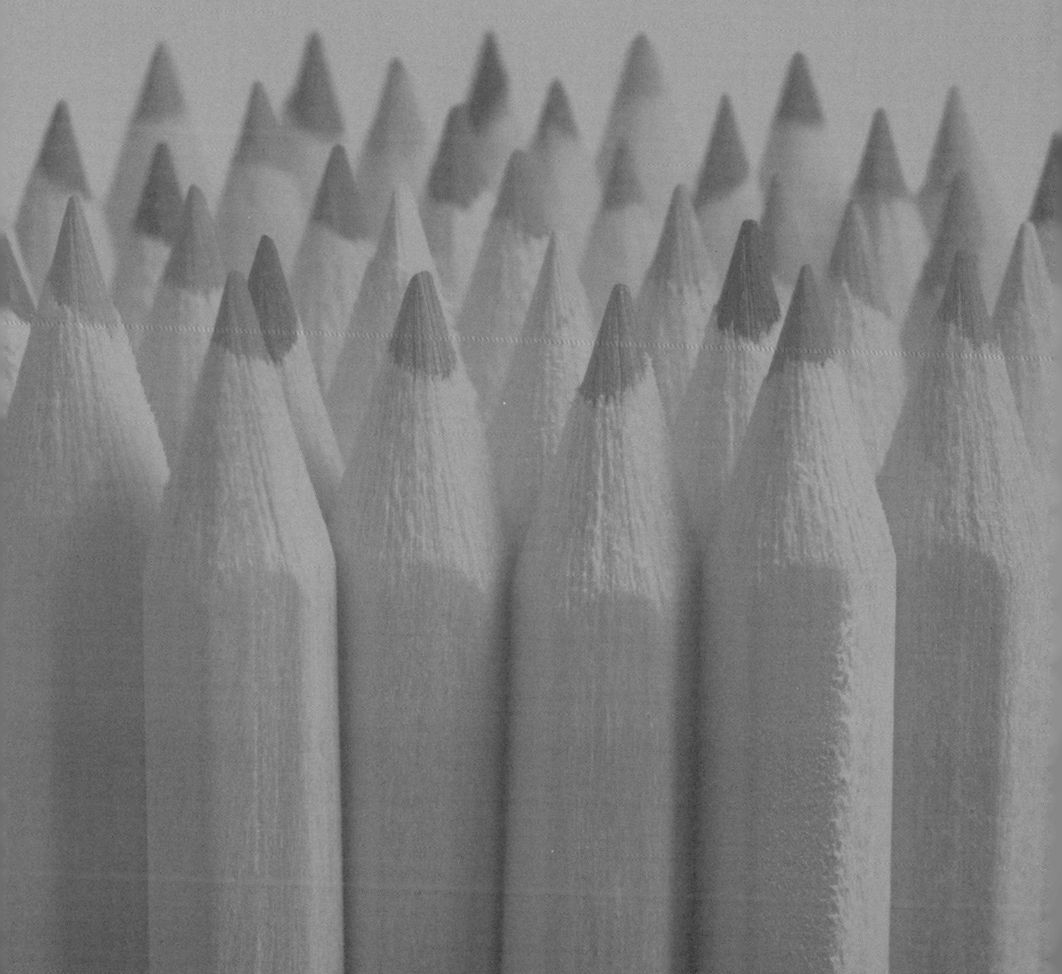

01 인류 역사를 바꾼 모방 사건

구텐베르크의 금속활자와 모방

인류 역사를 바꾼 최고의 기술 혁신 중 하나를 들자면 금속활자 개발을 꼽을 수 있다. 인류 역사의 발전에 금속활자 개발이 끼친 영향은 요즘의 정보 혁명과 비교해도 손색이 없을 정도다. 혁신의 가치만 두고 논하자면 오히려 금속활자 개발의 영향력이 더 크다고 할 수 있다. 미국 시사 잡지 〈라이프〉가 지난 1,000년간 인류에 영향력을 행사한 10대 사건을 선정한 결과 구텐베르크의 인쇄술 발견이 1위를 차지하기도 했다.

구텐베르크의 금속활자가 등장하기 전에는 필사본이나 목판 인쇄로 책을 제작했다. 필사본의 경우 한 사람이 두 달 동안 쉼 없이 일해야 책 한 권을 만들 수 있었다. 그나마 목판 인쇄술은 필사본보다는 훨씬 발전된 형태였고, 책의 대량생산을 가능케 했지만 목판을 만들다가 한 글자만 실수해도 판 전체를 다시 만들어야 했다. 책 대량생산에는 구조적으로 어려움이 있었던 것이다.

금속활자 기술은 책의 대량생산을 가능케 해 지식의 대중화라는 혁명적 변화를 불러왔다. 금속활자는 개별 글자를 조합해 틀을 만들었기 때문에 목판 제조와 비교할 수 없을 정도로 생산성이 높았다. 또한 제작 작업 도중에 실수를 하더라도 목판처럼 다시 처음부터 작업을 해야 할 필요가 없었다.

책의 보편화가 가져다준 변화는 상상을 뛰어넘는다. 기계 한 대로 일주일에 책 500여 권을 발행할 수 있게 되면서 지식의 축적과 보급이 순식간에 확산됐다. 특히 성직자들만 볼 수 있었던 성서가 대량 보급되면서 성서에 대한 다양한 해석과 논쟁이 이뤄졌다. 교황청에서 면죄부를 발행한 것도, 이에 반발하는 루터의 반박문도 모두 금속활자 기술 덕분에 많은 사람에게 전파됐다. 이와 같은 놀라운 전파력은 결국 종교개혁으로 이어졌다.

이쯤 되면 역사의 물줄기를 바꾼 위대한 금속활자 기술이 어떻게 만들어졌는지 궁금해진다. 천재의 놀라운 상상력 덕분이었을까. 당시 상황을 자세히 기록한 사료나 구텐베르크의 자서전 같은 자료가 없기 때문에 그의 사고방식을 정확히 분석하기는 불가능하다. 하지만 주변 정황과 당시의 기술 수준을 보면 금속활자 아이디어의 형성 과정을 추적할 수 있다.

당시 유럽 중세 사회는 목판 인쇄술 외에 주화 등을 만들기 위해 금속을 가공하는 기술도 발달해 있었다. 특히 구텐베르크의 아버지는 조폐국에서 일했으며 그도 금 세공인으로 일하면서 금속을 다루는 법을 잘 알고 있었다. 때문에 구텐베르크가 목판 인쇄술의 문제점을 극복할 대안을 고민하면서 자연스럽게 그와 그의 아버지의 주

와인 프레스(왼쪽)와 구텐베르크 인쇄기(오른쪽)

특기인 금속 세공 기술을 떠올렸을 가능성이 높다. 금속에 알파벳을 인쇄한 다음, 판에 끼워 넣는 방식을 택하면 중간에 글자가 틀려도 금방 수정이 가능할 것이기 때문이다. 특히 글자를 하나씩 파야 하는 수고를 덜 수 있었다. 이처럼 주화 생산 방식을 활자 생산에 모방한 것이 그의 첫 번째 성공 요인으로 작용했다.

그 다음으로 고민한 문제는 종이에 직접 잉크를 묻혀 책을 만드는 일이었을 것이다. 구텐베르크는 의외로 어렵지 않게 해답을 얻었다. 주변의 포도주 양조장에서 흔히 볼 수 있는 와인 프레스wine press(포도즙 짜는 기계)가 아이디어를 제공한 것이다.[1] 와인을 만들기 위해서는 포도를 압착해야 했는데 이 과정에서 사용했던 와인 프레스는 구텐베르크가 개발한 인쇄기Gutenberg press의 구조와 원리가 유사하다. 구텐베르크는 와인 프레스의 원리를 모방해 금속활자 기술을 완성할 수 있었다.

사실 금속활자를 만드는 것 자체는 그리 어려운 일이 아니다. 어렸을 때 지우개에 글자를 파서 도장을 만들고, 물감을 묻혀 종이에 찍어본 경험이 있을 것이다. 고려시대 때 직지심체요절을 만들기 위해 이미 구텐베르크보다 앞서 금속활자 기술이 개발되기도 했다. 하지만 구텐베르크의 금속활자는 역사를 바꿀 수 있었다. 그 이유는 와인 프레스의 모방 덕분이라고 봐야 한다. 인쇄의 생산성을 비약적으로 향상시켰기 때문이다.

한국에서 활용한 금속활자의 경우 활자 위에 먹물을 묻히고 종이를 댄 다음 솜방망이로 탁탁 두드려 찍어내는 형태였기 때문에 단기간에 대량생산을 하기에는 매우 어려웠다. 하지만 구텐베르크의 금속활자 기술은 와인 프레스의 모방을 통해 유성잉크를 위에서 아래로 압착해 훨씬 빠르게 인쇄물을 만들 수 있다는 장점이 있었다. 와인 프레스가 압착하는 대상이 포도가 아니라 종이와 잉크로 바뀌었던 게 역사를 바꾼 원동력이 된 셈이다.

애당초 포도주 양조장에서 사용했던 '프레스press'라는 단어는 구텐베르크에 의해 '인쇄기'를 의미하는 것으로 발전했으며 현대 사회에서는 '언론'으로까지 그 의미가 확장됐다. 와인 프레스를 개발했던 사람은 그의 기술이 이렇게까지 진화할 것이라고는 꿈에도 상상하지 못했을 것이다.

구텐베르크의 금속활자 개발 사례를 모방에 빗대어 설명하자면 다음과 같이 요약할 수 있다. 구텐베르크는 과거에 없던 전혀 새로운 아이디어를 제시한 사람이 아니다. 이미 개발된 기술들의 '원리'

를 '새로운 맥락'에서 잘 조합하고 모방해 인쇄 효율을 대폭 향상시
킨 기술을 개발해냈다. 그는 새로운 창의적 기술을 개발했다기보다
목판 인쇄와 금속 세공 기술, 와인 프레스 기술을 적절히 조합해 인
쇄라는 새로운 맥락에서 조합하면서 위대한 혁신을 이뤄냈다고 볼
수 있다. 실제 일부 학자들은 구텐베르크에 대한 개인적 기록이나
사료가 부족한 것이 당시 그의 기술에 독창성을 인정할 수 없었던
것과 관련이 있다고 분석하기도 한다.

02 도축장에서 시작된 산업혁명

포드의 컨베이어 벨트 시스템과 모방

구텐베르크보다 좀 더 가까운 역사적 모방 사례를 살펴보자.

20세기 대량생산 시대를 여는 데 가장 결정적 기여를 한 사람으로는 단연 헨리 포드를 꼽을 수 있다. 그는 1912년 컨베이어 벨트 생산 방식을 자동차 조립 과정에 도입해 모델 T를 생산, 혁명을 불러왔다. 근대 경영의 아버지로 불리는 테일러의 과학적 생산 방식은 포드에 의해 완성됐다는 평가를 받을 정도로 그 영향력이 크다.

자동차 가격은 컨베이어 벨트 시스템 도입 이전인 1909년 950달러에서 새 시스템이 도입된 이후인 1913년 550달러, 1916년에는 360달러 수준으로 시간이 지날수록 대량생산에 따른 규모의 경제 실현으로 가격이 급락했다. 조립 시간도 과거 13시간에서 1시간 30분대로 대폭 단축됐다.[2] 모델 T는 운송 수단으로서 다른 산업 분야로 확산돼 생산성 혁명을 일으킨 원동력이 됐다. 또한 과거와 비교할 수 없을 만큼 많은 소비자들이 자동차를 소유함에 따라 부품, 서비스, 여행, 레저 등 수많은 산업 발전의 계기를 마련했다.

포드 자동차의 컨베이어 벨트 시스템(오른쪽)과 아이디어의 원천이 된 도축장 이미지(왼쪽)

　인류 역사를 바꾼 컨베이어 벨트 시스템은 포드의 기막힌 상상력에서 발견됐을까? 산업사회의 물꼬를 튼 이 아이디어는 놀랍게도 낮은 수준의 기술(로테크Low-tech)만으로도 산업의 유지가 가능한 도축장에서 나왔다.[3] 당시 미국 본토에서는 냉동 화물선이 개발되면서 해외 시장으로 수출이 원활하게 이뤄지는 기반이 마련됐다. 그러자 쇠고기 수요가 늘면서 축산업이 급성장했다.

　문제는 도축 과정이 길고 복잡하다는 점이었다. 소 한 마리를 잡기까지 너무 많은 시간이 걸렸다. 또한 소를 부위별로 분리하고 내장을 떼어내는 과정 역시 복잡했다. 숙련된 기술자라도 하루에 두세 마리 이상의 소를 도축하기가 어려웠다.

　고민 끝에 이들은 분업의 원리를 도입했다. 컨베이어 벨트에 도살한 소를 올려놓고 각 작업자마다 맡은 과업을 수행한 것이다. 한 작업자가 등심을 베고 나면 다른 작업자가 갈비를 떼어내는 식이었다. 이 과정에서 작업자들의 숙련도가 높아졌고 생산성은 비약적으로 향상됐다.

포드의 조력자였던 윌리엄 클랜은 시카고의 도축장에서 생산 효율성을 극도로 향상시킨 컨베이어 시스템에 주목했다. 그는 이 기술을 자동차 생산 과정에 도입하면 마찬가지로 놀라운 생산성 향상이 이뤄질 것이라 확신했다. 그리고 이를 전해들은 포드는 6개월 후 컨베이어 벨트 시스템을 도입한 공장을 가동했다. 달라진 점이 있다면 도축장에서는 작업자들이 손으로 소를 밀었는데 포드의 공장에서는 동력기를 달아 자동으로 컨베이어 벨트가 움직인다는 것뿐이었다.

아마도 도축업자들은 자신들의 아이디어가 현대 문명을 바꾼 역사적 계기가 되리라고는 상상조차 못했을 것이 분명하다. 물론 도축업자들이 분업하여 생산성을 높인 것도 전에 없던 새로운 아이디어는 아니었을 것이다. 그들도 어디선가 보거나 들은 아이디어를 새로운 맥락에서 적용하면서 컨베이어 시스템을 구축했을 게 분명하다.

실제로 분업으로 일하는 방식은 오래전부터 존재해왔다. 결국 산업사회의 혁명을 가져온 긴베이이 벨트 시스템도 도축장의 '원리'를 '새로운 맥락'에서 적용한 덕분에 탄생할 수 있었던 셈이다.

애플의 스티브 잡스와 모방

좀 더 최근의 모방 사례를 살펴보겠다.

현대 인류의 삶을 획기적으로 바꾼 사람으로는 단연 스티브 잡스를 꼽을 수 있다. 그는 아이팟, 아이폰, 아이패드 시리즈를 선보이며 수많은 사람들의 일상생활에 큰 변화를 불러왔으며, IT산업의 지형을 송두리째 흔들었다. 잘나가던 거대 휴대전화 업체였던 노키아뿐만 아니라 닌텐도와 같은 게임 회사, 마이크로소프트나 소니 같은 초우량 기업도 애플의 등장 이후 침체의 늪에 빠졌다. 모두 애플의 혁신적인 신제품으로 인한 후폭풍이었다.

잡스의 성공을 가져온 가장 큰 요인으로는 '개방형 비즈니스 모델open business model'을 꼽을 수 있다. 아이팟 제작 과정을 살펴보면 애플이 얼마나 개방적인 모델을 도입했는지 쉽게 알 수 있다. 아이팟의 배터리는 소니가, 케이스는 고바야시가, 플랫폼은 미국 포털플레이어가, 메모리는 삼성전자가, 하드디스크는 도시바가, 생산은 중국 선전의 대만 업체가 담당했다. 애플이 한 역할은 핵심 콘셉트와 디

자인을 정한 것뿐이었다.[4]

잡스의 개방형 비즈니스 모델은 아이폰을 출시하면서 더욱 발전했다. 전 세계 누구라도 애플리케이션을 개발하면 수익을 낼 수 있도록 만든 것이다. 개발자가 수익의 70%를 가져가는 파격적인 모델로 개방형 생태계를 조성한 것이 아이폰의 핵심 성공 요인 중 하나로 꼽힐 정도다.

하지만 잡스가 원래부터 이렇게 개방적인 성격은 아니었다는 게 중론이다. 과거 그는 애플과 맥킨토시 개발 과정을 모두 폐쇄적으로 진행했다. 애플에서 만든 제품은 오직 맥킨토시에서만 사용돼야 한다는 원칙도 고수했다.[5] 잡스는 다른 사람의 의견을 귀담아듣는 스타일이 아니었다. 이는 경쟁자인 IBM이 MS-DOS를 운영체제로 채택, 다양한 응용 소프트웨어를 사용할 수 있게 해 폭발적인 판매량을 기록한 것과 비교된다.

그랬던 잡스가 달라졌다. 계기는 잡스가 영화 비즈니스를 만나면서 시작됐다. 잡스는 애플에서 쫓겨난 후 루카스필름을 인수해 픽사로 이름을 바꿨다. 이후 〈토이스토리〉〈인크레더블〉 등 수많은 히트작을 내며 화려하게 부활했다.

영화 비즈니스는 프로젝트에 기초해 움직인다. 프로젝트가 시작되면 세계 각지에 흩어져 있던 스텝과 연기자, 설비 기술자 등이 구름처럼 모여들어 조직 구조를 갖췄다가 과업이 끝나면 자신의 자리로 사라진다.

최고의 연구 인력을 뽑아 철저히 비밀을 유지하며 독자적인 기술을 개발한 후 시장에 출시해야 성공할 수 있다고 믿었던 전통적인 폐쇄형 혁신 모델과 현격한 차이가 난다.

영화판에서 전혀 새로운 경험을 한 잡스는 이전과 완전히 다른 사람이 됐다. 애플을 부흥시킨 주역이자 가장 상징적인 제품인 아이팟은 사실 애플 내에서 자체 개발한 제품이 아니다.

어느 날 필립스의 엔지니어였던 토니 파델이 아이팟 개발 아이디어를 들고 왔다. 그는 애플에 오기 전 여러 곳에서 퇴짜를 맞았다. 과거의 잡스였다면 문전박대를 했을 수도 있다. 하지만 영화 비즈니스를 통해 가치 창출 모델을 경험한 잡스는 외부 인사였던 그를 아이팟 개발 책임자로 임명하는 놀랍도록 개방적인 태도를 보였다. 이후 파델은 아이팟을 통해 온라인 음악 서비스인 '아이튠즈'를 만들었고, 아이팟은 날개돋친 듯 팔려나가 현재는 MP3플레이어의 보통명사 취급을 받을 정도다.[6]

이처럼 인류의 역사와 사람들의 삶의 방식을 바꾼 위대한 혁신 사례들을 분석해보면 핵심 성공 요인은 모두 기존 지식이나 기술(금속활자), 프로세스(컨베이어 벨트), 비즈니스 모델(개방형 모델) 등의 모방이 있었음을 알 수 있다. 다만 겉으로 드러나는 표면의 양상을 모방한 게 아니라 그 이면의 작동 '원리'를 '다른 맥락'에서 모방했다는 점에 주목할 만하다.

즉, 모방은 위대한 혁신을 가져오는 위대한 행동의 출발점이다. 그러니 모방을 창조와 대척점에 있는 행동으로 보는 태도는 옳지 않다.

오히려 모방은 창조의 결과를 이끌어내기 위한 필수 요소다. 모방 없는 창조는 불가능하다. 창조하려면 모방해야 한다. 모방은 창조 행위의 원천이자 그 본질이기 때문이다.

'당신이 알고 있는 '모방'은 잘못됐다

01 모방은 '베끼기'다?

모방의 분류

인간은 하나의 인격체로 성장하면서 다양한 형태의 모방 행동을 하며 살아간다.

먼저 인간은 유아 시절부터 부모나 형제, 친구의 행동을 따라 한다. 잘 알려진 것처럼 이런 모방 행동은 유아의 신체적, 정신적 발달 과정에서 중요한 역할을 한다. 학교에 가서도 따라 하기는 계속된다. 학습법이나 운동 방법을 모방하고 사물을 그대로 모방해 그림을 그리는 방법을 배운다.

때로는 친구들의 이상한 행동을 서로 흉내 내기도 한다. 성인이 되고 직장 생활을 하거나 사업을 하면서도 모방 행동은 이어진다. 직장 내 상사의 행동과 말투, 리더십 스타일을 후배들은 자주 복제한다. 정말 미워했던 상사의 행동을 부지불식간에 모방하는 자신을 발견하고 깊은 좌절감을 느끼는 직장인도 있다. 심지어 여성 CEO의 스카프 매는 방법까지 은연중에 따라 하기도 한다.[7]

비즈니스에서도 마찬가지다. 신사업을 하거나 새로운 시도를 할 때 가장 먼저 행하는 과정이 특정 분야를 선점하고 있는 기업의 성공 원리를 조사하고 모방하는 것이다. 기업 현장에서는 벤치마킹이란 이름으로 이런 활동들이 이뤄지고 있는데 이는 가장 자주 활용되는 경영 기법의 하나다.

경영 컨설팅 업체인 베인&컴퍼니가 글로벌 기업의 경영자들을 대상으로 "가장 빈번하게 활용하는 경영 기법은 무엇인가?"를 조사한 결과, '벤치마킹'이 2008년과 2010년에 각각 1위를 차지했다.[8] 2000년대 초중반까지는 '전략기획strategic planning'이 부동의 1위를 지켜왔다. 하지만 경영 환경의 불확실성이 높아지면서 미래를 예측하는 일 역시 갈수록 어려워지고 있다. 경영자들의 불안감이 증폭되자 다른 기업들의 행동을 모방하는 벤치마킹이 더 광범위하게 활용된 것으로 분석할 수도 있다. 이처럼 개인과 조직 모두 매 순간마다 모방을 통해 성장의 기회를 엿보고 시장의 불확실성에 대처하고 있는 것이다.

모방에 대한 사전적 의미는 '다른 것을 본뜨거나 본받는 것'이다. 특정 대상을 본뜨거나 본받는다는 개념은 매우 포괄적이다. 예를 들어 타인의 저작물을 완전히 그대로 복제하는 것도 모방이고, 특정 대상에서 혁신의 실마리를 발견하거나, 어렴풋하게 영감을 얻는 것도 모방이다. 비즈니스 측면에서 모방이라는 주제를 본격적으로 다룬 오데드 센카 교수의 《카피캣》에서는 모방을 다음과 같이 설명했다.

있는 그대로의 것을 베끼거나, 아니면 변형 또는 수정한 것을 의미

할 수 있다. 모방의 범위는 정확한 청사진의 복제에서부터 어렴풋

한 영감 또는 이 둘 사이의 어떤 것에 이르기까지 다양할 수 있다.[9]

모방의 개념이 이처럼 광범위한데도 일반적으로 모방이란 단어

는 그다지 긍정적인 것으로 인식되지 못한다. 예를 들어 예술가들은

'모방 작가'라는 타이틀을 오명汚名으로 생각한다. 비즈니스에서도

'모방 기업'이나 '모방 기술'이라는 단어를 '혁신 기업'의 반대말로

생각하거나 창의성과 독창성이 부족하다는 뜻으로 관련지어 보는

시각이 강하다. 모방의 다양한 의미 가운데 가장 극단적 부분, 즉 복

제나 모사, 카피의 개념이 모방의 동의어로 인식되고 있는 셈이다.

인간의 뇌는 복잡한 판단을 싫어한다. 따라서 복잡한 현상이나 개

념을 접했을 때에는 당장 직접적으로 연상되는 부분만을 수용하는

'이용가능성 휴리스틱availability heuristic'을 드러낸다. 이와 비슷하게 특

정 현상을 가장 잘 대표하는 개념만을 수용하는 '대표성 휴리스틱rep-

resentativeness heuristic'을 활용하기도 한다. 특정 사물이나 현상은 수많

은 측면을 갖고 있음에도 불구하고 머릿속에서 쉽게 떠오르는 기억,

혹은 특정 사물이나 현상을 대표하는 특징만을 떠올린다는 의미다.[10]

흔히 모방 하면 '짝퉁' '카피' '모조'와 같은 뜻을 가장 먼저 떠올

리고 이러한 의미들이 곧 모방의 모든 것으로 인식된다. 하지만 이

는 앞서 설명했듯이 머릿속에서 쉽게 떠오르는 기억만을 떠올리는

인지적 오류로 인해 발생하는 현상이다.

문제는 모방에 대한 부정적인 인식으로 인해 위대한 혁신의 원천이 될 수 있는 모방 행동이 위축될 수 있다는 점이다. 과감하고 적극적인 모방을 구사하려는 노력이 위축되면 혁신적 상품이나 서비스, 새로운 사업모델의 등장이 제한될 수 있다. 구텐베르크와 같은 사례처럼 혁신의 본질은 모방에 있고, 위대한 혁신가는 곧 위대한 모방가에서 시작되는데도 말이다.

다양한 비즈니스 모방 사례들을 모으고 연구하다 보니 비슷한 양상을 띠면서도 다른 형태를 지닌 4가지 모방 유형을 발견할 수 있었다. 이들 모방의 유형은 법률적, 경제적, 실천적 측면에서 완전히 다른 특징과 함의를 가졌다. 이렇듯 다양하게 드러나는 모방 유형을 자칫 하나로 여기고 인식해왔기에 그동안은 모방의 온전한 가치를 훼손할 수밖에 없었다.

모방의 4가지 유형은 다음과 같다.

모방의 4가지 유형		적용 대상	
		같은 맥락	다른 맥락
모방 대상	이면의 원리	원리형 모방	창조적 모방
	표면의 양상	복제형 모방	이식형 모방

위의 표에서 볼 수 있듯이 모방의 유형을 구분하기 위해서는 우선 '모방 대상'과 '적용 대상'을 구분해야 한다. 만약 어떤 화가가 피카소의 작품을 거의 그대로 모사했다면 피카소의 작품이 모방 대상이

되고, 모사한 작품은 적용 대상이 된다. 만약 한 중국 업체가 한국 기업의 제품을 모방했다면 모방 대상은 한국 기업의 제품이며 적용 대상은 중국 업체의 제품이다.

특정 대상을 모방할 때에는 두 가지 다른 형태가 존재한다. 하나는 그 대상의 '표면적 양상'을 모방하는 것이다. 겉으로 드러난 모습, 작동 방식, 디자인, 기술, 행동 방식 등을 그대로 모방하는 것이 여기에 해당한다. 나머지 하나는 겉으로 드러난 모습이 아닌 '이면의 원리'를 모방하는 것이다. 이 두 가지는 모두 모방에 해당하지만 실천적 의미가 전혀 다르다.

모방 대상을 두 가지로 구분할 수 있듯이 적용 대상도 두 가지로 구분할 수 있다. 그중 하나는 '같은 맥락'으로, 모방 대상과 똑같은 품목 혹은 같은 카테고리, 같은 영역 내에서 활용하는 경우다. 휴대전화 업체가 다른 휴대전화 제품의 디자인이나 기술을 그대로 모방한 사례가 여기에 해당한다.

반면 '다른 맥락'에서 모방이 이뤄지기도 한다. 예를 들어 피카소의 그림을 본 시인이 영감을 얻어 한 편의 시를 썼다면 이는 다른 맥락에서의 모방이다. 또 어느 자동차 업체가 사용자들에게 사용하기 편리한 환경을 제공하기 위해 휴대전화 업체에서 사용하는 '유저인터페이스user interface' 기법을 차량 내부의 계기판에 적용한다면 이는 다른 맥락에서의 모방이다. 이와 같이 모방 대상과 적용 대상을 구분하면 모방의 4가지 유형을 발견할 수 있다.

모방의 4가지 유형

이제 각 모방의 실제 적용 사례를 통해 서로 다른 모방 유형을 더 자세히 살펴보자.

우선 복제형 모방은 표면에 드러난 양상을 같은 맥락에서 모방하는 사례를 의미한다. 글로벌 기업들의 자동차 디자인을 모방해온 중국 로컬 자동차 업체가 대표적인 예다. 가령 중국 체리사의 'QQ'라는 모델은 GM대우의 '마티즈'와 겉모습이 거의 유사하다. 중국 시장에서는 혼다 CRV 등 유명 자동차와 겉모습이 거의 유사한 디자인을 가진 제품들을 자주 찾아볼 수 있다.

중국 업체들 중에는 심지어 글로벌 자동차 회사와 유사한 로고를 사용하는 곳들도 많다. 이러한 업체들은 로고 자체의 표면적 양상을 모방 대상과 같은 맥락에 해당하는 자동차 로고에 적용했기 때문에 복제형 모방을 사용했다고 볼 수 있다. 한국의 '애니콜'을 모방한 '삼송 애미콜Samsong Amycall', 밀폐용기 '락앤락'을 모방한 'LQCK&LQCK'은 대표적인 복제형 모방 사례로 볼 수 있을 것이다.

다음으로 이식형 모방은 표면의 양상을 모방한다는 점에서 복제형 모방과 비슷하지만 그 대상이 다르다는 점에서 차이가 발생한다. BMW의 '아이드라이브iDrive'가 대표적인 사례다. BMW는 자동차의 각종 편의 장치들이 급속도로 늘어나면서 운전자들이 이를 효과적으로 통제하기 어렵다는 점 때문에 심각한 고민에 빠졌다. 편의 기능마다 조작 버튼을 따로 달면 제어장치가 너무 복잡해져 애써 만든 기능들을 운전자가 외면하게 될 상황이었다. 실제 BMW 7 시리즈의 경우 사용자들이 통제해야 할 기능이 무려 500개에 달했다. 게다가 버튼이 너무 많아지면 이를 조작하는 과정에서 운전자의 주의력이 분산되면서 사고 위험이 높아진다는 점도 문제였다.

이런 문제에 봉착한 BMW는 자동차 산업 내에서 해답을 찾지 않았다. 현명하게도, 수많은 기능들을 효과적으로 조작하는 문제로 고민하는 다른 업종의 기업들을 물색했다. 이들은 자연스럽게 게임 산업을 탐색하게 됐다. 게이머들은 게임을 즐기는 과정에서 수많은 기능들을 조작해야 한다. 그래서 게임 업체는 조이스틱을 발전시키면서 조작 용이성을 높이기 위한 그들만의 노하우를 축적해왔다. BMW는 게임 산업을 탐색하던 중 실리콘밸리의 게임 벤처기업에서 해답을 찾았다.

이 벤처기업은 게임기의 여러 기능을 쉽고 편리하게 조작할 수 있는 차별화된 조이스틱을 개발하고 있었다. BMW는 이 벤처기업과 협력해 자동차 인터페이스의 새로운 장을 열었다. 손잡이 하나로 자동차 내의 수많은 편의 기능들을 작동하게 만든 '아이드라이브'는 폭발적인 반응과 함께 BMW만의 독특한 상징이 됐다. 아이드라이브는 조이스틱이 갖고 있던 표면적 양상(디자인, 조작 방식, 기술 등)을 가져왔지만 적용 대상이 같은 업종의 게임기가 아닌 자동차였기 때문에 이식형 모방으로 구분할 수 있다.

반면, 같은 맥락에서 모방 대상을 찾으면서 표면의 양상이 아닌 이면의 원리를 도입하는 것은 원리형 모방으로 분류할 수 있다. 예를 들어 한미파슨스는 "직원들이 일하고 싶은 조직 문화를 만들겠다"는 목표 하에 '즐겁고 행복한 일터 만들기 운동'을 벌였다. 이 과정에서 한미파슨스는 초우량 기업, 혹은 일하기 좋은 기업의 급여나 복지 제도와 같은 겉으로 드러난 양상을 모방하지 않았다. 대신 일하기 좋은 기업들로 알려진 회사들의 이면에 자리 잡은 원리를 모방했다.[11]

그들은 '일하기 좋은 기업을 만든다'는 맥락에서 접근하면서 조직 구성원과 가족들을 중시하고 구성원의 자기계발을 도우며 경력을 체계적으로 관리하는 데 힘썼다. 좋은 일터의 이면에 있는 "공통의 가치를 추구한다"는 성공 원리를 모방한 것이다.

'즐겁고 행복한 일터Great Work Place'의 원리를 정리한 로버트 레버링 교수의 이론이 모방에 큰 도움을 줬다. 특정 회사의 급여나 인사, 복지 제도를 모방하지 않았기 때문에 자사 상황에 맞는 제도를 도입할 수 있었고, 시간을 두고 발전시키면서 다듬어나갈 수 있었다. 원리형 모방을 활용할 경우, 이처럼 표면의 양상을 쉽게 변형할 수 있다는 장점이 있다.

마지막으로 창조형 모방은 이면의 원리를 전혀 다른 맥락에서 모방할 때 이뤄진다. 앞서 언급한 역사를 바꾼 혁신 사례들은 모두 이면의 원리를 전혀 다른 맥락에서 결합한 것이다.

구텐베르크가 와인 프레스를 모방한 사례를 예로 들어보겠다. 만약 그가 와인 프레스를 모방해서 똑같은 형태의 기름 짜는 기계를 개발하는 데 그쳤다면 이식형 모방에 지나지 않았을 것이다. 또한 와인 프레스의 구동 원리와 지렛대 원리를 결합해 좀 더 적은 힘으로 강한 압축력을 보유한 와인 프레스를 개발했다면, 그는 원리형 모방에 성공했다고 볼 수 있다.

하지만 그는 와인 프레스의 '압축'이라는 구동 원리를 인쇄기에 적용했다. 이면의 원리를 다른 분야에 적용했을 때 역사를 바꾼 위대한 혁신을 이뤄낼 수 있었다. 도축장의 공정 효율성을 높이는 원리를 자동차 제조 공정에 적용한 포드도 창조형 모방으로 역사를 바꾼 사례에 속한다. 영화 제작의 개방형 비즈니스 원리를 IT산업에 적용한 스티브 잡스 역시 창조형 모방으로 인류의 삶을 단번에 바꿔 놓았다.

03 이것이 '좋은 모방'이다

복제형 모방

복제형 모방은 명확한 장점과 단점을 갖고 있다. 가장 큰 장점은 학습 효과다. 유아의 발달 과정에서 부모의 행동과 언어 모방이 중요한 역할을 하듯 기업도 마찬가지다.

한 기업이 있다고 치자. 이 기업은 급변하는 시장에 대응하기 위해 이제 막 새로운 사업을 시작했다. 하지만 기술력이 부족하고 기업을 운영하고 관리하는 측면에서도 앞선 노하우를 축적하지 못했다. 이런 상황에서 이 기업이 생존하려면 어린아이가 부모를 따라하듯 대기업을 벤치마킹하는 것 이외에 별다른 방법이 없다.

현재 글로벌 기업으로 도약한 한국 기업들도 과거에는 사활을 건 복제형 모방으로 활로를 모색했다. 최근 들어 높은 품질과 경쟁력 있는 가격으로 글로벌 시장에서 선전하고 있는 현대자동차도 과거 독자적 모델인 포니를 개발할 때에는 제대로 된 기술력을 하나도 보유하지 못했다. 어느 정도였느냐 하면 와이퍼 하나도 못 만드는 수준이었다. 차 유리창이 곡선이어서 부드럽게 물기를 닦아내기가 쉽지 않았던 것이다.

당시 한국 업체들의 기술력이 고만고만했기 때문에 만약 선진국 업체가 선심 쓰듯 자동차 설계 도면을 만들어주더라도 제대로 이해할 엔지니어가 없어서 무용지물이 될 터였다. 이런 상황을 타개하기 위해 정부의 강한 의지 표명과 현대그룹 창업자들의 집념이 결합했다. 그러면서 현대자동차는 독자모델 개발이라는 당시로선 무모한 도전에 나섰다. 기술력이 부족한 열악한 상황에서 독자모델 개발에 성공하기 위해서는 선진 기술 모방 외에는 뾰족한 방법이 없었다.

현대자동차의 복제형 모방 노력은 그들 사이에서 너무나 유명한 '이 대리 노트'가 상징적으로 보여주고 있다. 독자모델 개발을 결심한 현대자동차 경영진은 그 당시 이탈리아에 자동차를 개발해주는 업체가 많다는 사실을 전해 들었다. 경영진은 이충구 전前 현대자동차 사장(당시 대리) 등 5명의 직원을 '이탈디자인'에 파견해 기술을 배워오도록 했다.

당시 이충구 대리는 디자인회사에서 하루 종일 보고 듣고 배운 것을 모조리 기록했다. 디자인 과정에서 사용했던 제도기 모습까지 그려놓은 그의 노트는 독자적인 국산차 개발의 원동력이 됐다. 현대자동차뿐 아니라 삼성전자나 LG전자 등 전자기기 업체도 초기에는 일본 제품을 모조리 분해해 기술을 습득하는 등 복제형 모방으로 성장 기반을 다졌다. 즉, 복제형 모방은 기업의 성장 초기에 학습과 기술력 축적을 위한 최고의 수단이다.

예술이나 체육과 같은 분야에서도 초반에 실력을 쌓아야 할 때에는 모방이 최고의 방법이다. 훌륭한 화가의 작품을 그대로 모사하거나 스포츠계에서 가장 효율적이라고 알려진 운동 동작을 부단히 연습하는 것은 훗날 프로로 도약하기 위한 핵심 기반이 된다.

하지만 복제형 모방은 치명적인 단점을 갖고 있다. 바로 특허 침해다. 적절한 보상을 지불하지 않고 디자인이나 기술을 사용했다가는 특허 소송에 걸려서 막대한 손해 배상 소송에 휘말릴 수 있다. 최근에는 개인 발명가나 폐업한 중소기업 등의 특허를 인수하거나, 경매를 통해 특허를 사들이거나, 저평가된 특허를 구매하여 그물망처럼 기술 특허를 확보한 다음 기존 기업들에게 소송을 제기해 대규모 이익을 챙기는 전문 회사들이 늘어나고 있다. 이런 특허 괴물들의 활동이 강화되고 있기 때문에 로열티 없이 섣불리 복제형 모방에 나섰다가는 나중에 큰 피해를 입을 수 있다.

요즘 같이 시장 경쟁이 치열한 때에는 복제형 모방으로 인해 기업의 브랜드 가치가 훼손되는 경우도 불가피하다. 한국에서 복제형 모방이 가장 활발하게 진행되는 업종 가운데 하나가 바로 식음료 분야다. 특정 회사의 제품이 인기를 얻으면 수많은 복제 제품이 쏟아져 나온다. 한 예로 광동제약의 '비타 500'이 성공하자 '비타 800' '비타 900' '비타 1000' '비타 3000' 등 이름마저 비슷한 40여 가지의 복제품이 시장에 쏟아졌다. 옥수수 수염차나 자일리톨껌도 예외는 아니었다.

한편 오랜 기간 소비자의 사랑을 받아온 한국 과자들이 일본의 아이디어를 복제해 만들었다는 이유로 일본 언론의 비난을 받은 사례

한국 제과업체의 일본 제품 모방을 다룬 한 일본 방송사 화면

도 있었다.

인터넷의 발달로 모든 정보가 빠르고 투명하게 공개되는 세상에서 복제형 모방에 치중하는 기업은 신뢰를 얻기 힘들다. 고객 충성도도 확보하기 어렵다. 당연히 회사에 대한 종업원들의 자긍심이나 충성도도 떨어진다. 이런 기업들은 글로벌 시장을 선도하기 어렵다. 따라서 자원이 극도로 취약한 초기 단계의 기업이 아니라면 복제형 모방에서 벗어나 한 단계 높은 차원의 모방에 도전하려는 적극적인 노력이 필요하다.

이식형 모방

이식형 모방은 표면의 양상을 그대로 활용하기 때문에 복제형 모방과 마찬가지로 지적 재산권 침해 위험이 매우 높다. 따라서 BMW의 조이스틱 아이디어 활용 사례처럼 공동 개발이나 공동 투자 형태로 원천적으로 지적 재산권 문제를 해결하고 본격적인 상품 개발에 돌입하는 것이 좋다. 이식형 모방은 신기술 개발 과정에서 자주 활용하는데 특히 특정 산업에서 봉착한 문제를 이미 해결했거나 해결 중인 다른 분야의 산업이나 원천 기술 연구자들로부터 지식이나 기술을 이전받는 형태가 많다.

고전적인 사례로 프링글스 프린트가 있다. 한 직원의 제안으로 P&G는 프링글스 과자에 글자를 새기기로 했다. 하지만 쉽지 않았다. 온도와 압력이 높은 과자 제조 공정 중에 프린트가 이뤄져야 하고, 먹어도 아무 이상이 없어야 하는 등의 걸림돌이 있었다. P&G는 수소문 끝에 이탈리아의 한 제과점 주인이 개발한 기술을 활용하기로 했다. 만약 자체 개발을 했다면 2년 이상이 소요됐을 것이란 게 P&G의 분석이다. 하지만 제과점에서 활용하고 있는 기술을 토대로 제품 개발에 착수해 1년여 만에 상용 제품을 출시했다. 덕분에 개발 관련 비용을 크게 줄일 수 있었고, 빠른 속도로 시장에 진입할 수 있었다. 이처럼 이식형 모방은 기술적 난제를 손쉽게 해결해줘 연구개발 비용을 줄여주고 시장 진입 속도를 빠르게 해 추가 수익 창출 가능성을 높여준다.

이식형 모방을 활용할 때는 모방 대상만 잘 찾아도 수많은 문제들을 해결할 수 있는 강력한 해결책을 손쉽게 찾을 수 있다. 손톱이나 발톱을 치장하는 네일아트의 혁신 사례가 이를 잘 보여준다. 네일아트의 발전사는 사실상 이식형 모방의 역사와 다름없다.

네일아트에서 활용하는 기구 및 기법들은 특이하게도 치과에서 이식해온 경우가 많다. 글루나 젤 등을 손톱 위에 올리는 용도 등으로 광범위하게 활용되는 오렌지 우드스틱은 치과 용품에서 영감을 얻어 개발된 제품이다. 인조 손톱 가운데 하나인 아크릴릭도 치과에서 틀니를 만들 때 사용하던 재료가 네일아트 영역으로 옮겨와 새로운 가치를 창출한 사례에 해당한다.[12]

대표적인 매니큐어 브랜드인 OPI도 쉽게 잘 벗겨지고 인체에 유해한 성분을 함유했던 기존 매니큐어의 문제점을 극복하기 위한 대안으로 치과에서 활용되는 물질을 이용했다. OPI 창업자인 조지 쉐퍼는 치과에서 치아에 광을 내기 위해 사용하는 물질에 관심을 기울였다. 이 물질에는 포름알데히드 같은 유해한 성분이 함유되지 않았을 뿐 아니라 잘 벗겨지지 않는 특성도 있었다.

이런 점에 착안해 OPI는 이 물질을 활용한 매니큐어를 개발했고, 이후로 명품 매니큐어 브랜드로 성장을 지속하고 있다.[13] 또 네일아트숍에서 손이나 발에 팩을 해주기 위해 자주 활용하는 파라핀 욕조도 의료용 제품에서 모방한 것이다. 물리치료실에서 관절 통증을 완화하는 용도로 사용하던 파라핀 욕조는 수분 공급 및 정서적 안정과 같은 다양한 효능이 알려지면서 네일아트 분야에도 확대 적용됐다.[14]

오래 전부터 인류에게 고통을 안긴 3대 통증은 출산, 담석에 의한 통증, 그리고 치통으로 알려져 있다. 따라서 치통을 예방하거나 치료하는 기술은 인간에게 직접적인 고통을 주지 않는 다른 분야에 비해 더 빨리 발달했다. 네일아트 기술을 크게 발달시킨 혁신가들은 모두 치과 용품이나 관련 기술을 모방했다. 이들은 세상에 없는 탁월한 아이디어를 생산해서 혁신을 이뤄낸 것이 아니다. 네일아트와 유사한 문제를 다루면서 앞선 기술을 갖고 있는 적절한 모방 대상을 선정해 네일아트 영역에 결합시켰기 때문에 진보를 이뤄냈다.

네일아트 혁신가들은 딱딱한 손톱을 다루는 기술을 획기적으로 진전시킬 수 있는 분야가 역시 딱딱한 인체인 치아에 있다는 점을 간파했다. 현재 네일아트 관련 용품을 생산하는 기업, 혹은 이 분야 전문가라면 세상에 전혀 없는 새롭고 창의적인 제품을 만들기 위해 머리를 쓸 필요가 없다. 치과나 기타 의료 분야의 최신 기술을 네일아트에 접목시키는 방안을 찾아보면 고객 가치를 획기적으로 향상시킬 수 있는 혁신적 아이디어를 쉽게 찾아낼 수 있을 것이다.

이식형 모방은 이처럼 유사한 문제를 먼저 고민한 다른 산업 분야의 지식을 고스란히 흡수할 수 있기 때문에 특정 산업이 겪고 있는 많은 문제들을 일거에 해결해주거나, 몇 단계 앞선 진보를 가능하게 해주는 폭발력을 갖고 있다. 다만, 지적 재산권이나 특허 문제가 불거질 수 있는 만큼 초기부터 이에 대한 대처 방안을 준비해야 한다.

원리형 모방

원리형 모방은 같은 맥락에서 모방이 이뤄지지만 표면의 양상이 아닌 이면의 원리를 모방하는 유형이다. 때문에 특허나 지적 재산권 침해 논란에서 복제형 모방에 비해 상대적으로 자유로울 수 있다는 점이 큰 장점으로 작용한다.

이러한 원리형 모방의 장점을 잘 살린 사례로는 기아자동차를 들

수 있다. 과거 기아자동차에 대한 평가는 한마디로 '성능은 좋은데 디자인은 글쎄…'라고 할 수 있다. 원래 주력 제품이 봉고나 트럭 등 디자인보다는 기능을 훨씬 더 중시한 제품들이었기 때문에 조직 전체적으로 디자인에 대해서는 그다지 신경을 쓰지 않는 문화가 정착된 것이다. 하지만 시간이 흐를수록 소비자들은 디자인에 더 큰 가치를 부여하기 시작했다.

기아자동차가 외환위기의 파고를 넘지 못하고 부도를 낸 데에는 수많은 이유가 존재할 것이다. 하지만 그중에서도 수천억 원의 개발비를 투입해 만든 '크레도스'와 '아벨라'가 디자인 측면에서 좋은 평가를 받지 못하고 저조한 판매를 기록했던 것이 주요한 원인으로 꼽힌다.[15] 현대자동차에 인수된 후에도 '로체' 등 새 모델을 출시했지만 차별화되지 못한 디자인에 고객들은 미지근한 반응을 보였다.

기아자동차 경영진은 이런 상황에서 원리형 모방으로 돌파구를 마련했다. 해외 선진국 자동차 업체들의 표면적인 디자인을 본받은 게 아니라 디자인 경영의 성공 원리를 모방한 것이다. 즉, 우수한 디자이너를 영입해 의사결정 과정에서 실질적인 영향력을 행사하도록 유도했다. 물론 디자이너 영입 이후에 모든 문제가 씻은 듯 사라진 것은 아니었다. 우수한 디자이너를 영입하는 것도 중요하지만 이들에게 제대로 권한을 부여하지 않고 과거처럼 비非디자인 부서가 주요 의사결정권을 행사한다면 디자인의 질은 나아지지 않을 것이기 때문이다.

실제로 로체를 개발할 당시의 일이다. 완성 단계에 차체가 날렵

한 모양으로 디자인되어 었었지만 품평회 과정에서 'R&D' '판매' '마케팅' '제조' 부서 관계자들이 기능성을 강화하자는 의견들을 쏟아내면서 평범한 디자인으로 회귀했다고 한다. 기아자동차는 이런 문제점을 인식하고 단순히 디자이너만을 영입하는 것에서 나아가 디자인 경영의 성공 원리까지 모방해 조직 내에 이식하기로 결정했다.

먼저 세계적인 자동차 디자이너로 폭스바겐 등에서 일한 경험이 있는 피터 슈라이어를 CDOChief Design Officer로 영입했고, 디자인 팀이 주도권을 갖고 의사결정을 할 수 있도록 강력한 권한을 부여했다. 실제 의사결정 과정에서도 디자인 부서와 R&D 부서가 충돌할 때에는 디자인 부서의 손을 들어주는 등 강력한 의지를 그대로 실행시켰다. 이는 조직원들의 의식 및 행동 변화로 연결됐다.

뿐만 아니라 구체적인 디자인 과정에서도 성공 원리의 모방이 이어졌다. 벤츠나 BMW, 아우디 등 고급 자동차의 디자인 원리라고 할 수 있는 '패밀리룩'을 도입한 것이다. 패밀리룩이란 한눈에 특정 브랜드의 제품이라는 사실을 알아볼 수 있도록 독특한 디자인 구성 요소를 정해놓고 개별 모델마다 이에 기초해 변화를 추구하는 것을 말한다. BMW가 자동차 전면의 유선형 라디에이터 그릴을 두 개로 나눠놓은 것이 대표적이다. 기아자동차도 이를 모방해 호랑이 모양의 라디에이터 그릴로 패밀리룩을 적용했다.

원리형 모방은 지적 재산권 논란에서 한결 자유롭다. 유럽의 자동차 회사들이 디자인 경영의 원리인 유명 디자이너 영입, 디자인 부서의 권한 강화, 패밀리룩 도입 등을 모방했다는 이유로 기아자동차에 소송을 제기할 리 만무하기 때문이다. 또한 이면의 원리를 모방하기 때문에 조직 현실에 맞는 다양한 변형이 가능하다는 장점도 있다.

기아자동차는 디자인 경영과 관련한 원리를 적용하는 과정에서 자사 조직의 구조와 문화에 맞는 변형을 거쳤다. 먼저 디자인 부서 직원들이 다른 부서 직원들과는 별도의 사무실에서 일할 수 있도록 의도적으로 배려했다. 디자인 부서의 운영 역시 별도의 논리를 적용했으며 디자인실에 다른 부서 직원들의 출입도 쉽지 않도록 했다. 이러한 조치는 과거 기술 중심 기업 문화가 여전히 남아있기 때문에 디자인 부서의 독립성을 보장하는 게 무엇보다 중요하다는 판단에서 비롯됐다.

반면 디자인 경영을 오래 전부터 해온 BMW같은 기업은 디자인 부서의 독립성보다 협업을 강조한다. 디자인 설계 R&D 인력들이 보다 원활하게 교류할 수 있도록 '프로젝트하우스'라는 별도의 건물을 마련하고 기술자와 엔지니어, 디자이너 등의 협력을 유도하고 있다. 심지어 직원들의 동선까지 분석해 최적의 의사소통이 이뤄질 수 있도록 건물을 설계하는 치밀함도 보였다.

기아자동차나 BMW 모두 디자인 경영에 열성적이지만 표면으로 드러나는 양상은 전혀 다르다. 이면의 원리는 가장 근본적인 체제에 대한 것이기 때문에 현실에서 나타나는 양상은 각 조직이 처한 상황에 따라 이처럼 달라질 수 있다.

원리형 모방은 원칙적으로 지적 재산권이나 특허 침해 문제에서 자유롭지만 현실적으로는 복잡한 상황이 자주 발생한다. 이면의 원리와 표면의 양상을 명확히 구분하기 어렵기 때문이다. 예를 들면 이렇다. 제과업체인 A가 유기농 원료로 '착한 과자'를 만들어 시장을 선도했다. 그러자 경쟁사인 B업체가 A사와 거의 같은 원료로 '참 착한 과자'를 내놓았다. 이 경우는 명백한 복제형 모방이다. 따라서 지적 재산권 관련 분쟁에서 자유롭기 어렵다. 하지만 조금만 방향을 틀어서 원리를 모방하면 지적 재산권 논란에서 자유로울 수 있다.

예를 들어 A사의 성공 원리가 '친환경 제품에 대한 시장 수요를 잘 반영해 믿을 수 있는 원료를 사용하고 합성 첨가물을 넣지 않았기 때문'이라고 분석하고, 이러한 원리를 모방해 A사와는 전혀 다른 성분과 제조 방법으로 B사가 신제품을 개발했다고 가정하자. 이런 원리형 모방은 특허나 지적 재산권 분쟁 소지가 거의 없다. 하지만 현실에서는 이렇게 완벽한 이분법적 구분이 쉽지 않다. 만약 B사가 앞서 언급한 원리보다는 한 단계 깊이가 낮은 수준의 원리, 즉 과자 성분이 배합 비율이나 A사의 과자에 들어간 일부 재료를 그대로 사용한다면 특허나 지적 재산권과 관련한 논란이 생길 수 있다.

이런 분쟁의 대표적인 사례가 삼성과 애플의 특허 침해 소송이다. 애플은 삼성의 갤럭시S나 갤럭시탭이 애플의 아이폰과 아이패드를 모방했다며 삼성을 상대로 특허 침해 소송을 제기했다. 애플이 특허와 재산권을 침해당했다고 주장하는 부분 가운데 하나는 제품 아랫부분 중앙에 위치한 버튼이나 바둑판식 아이콘 배치 등이 포함돼 있다. 삼성의 갤럭시S는 아랫부분 버튼의 모양이 네모 형태고 아이폰은 동그랗다. 위치는 유사하지만 모양만 다른 셈이다. 또 삼성이 바둑판식으로 아이콘을 배치한 것은 맞지만 아이콘 모양은 애플과 다르다. 이에 대한 법률적 판단이 어떻게 날지는 예단하기 어렵다.

법원이 버튼 위치나 아이콘 배치를 애플의 고유한 지적재산이라고 판단할지, 아니면 이런 부분에까지 재산권을 적용하기는 어렵다고 결정할지 예측하기 쉽지 않다. 다만 삼성이 스마트폰에 후발주자로 뛰어들면서 가급적 특허나 지적 재산권 논란을 피하기 위해 노력했겠지만 결과적으로 완벽하지 않았다는 점을 보여주는 사례다.

원리형 모방은 보통 동일 산업 내에서 일어난다. 따라서 조금이라도 모방한 흔적이 보이면 사내 법무팀 자원을 총동원하거나 유명 법무법인을 동원해 지적 재산권 침해 소송을 내서 경쟁자의 사업 기반을 위협하려는 강렬한 욕망을 갖게 된다. 따라서 깊숙한 근본 원리를 모방한 것이 아니라면 사소한 실수로도 분쟁에 휘말릴 확률이 있다.

원리형 모방은 법적인 문제 말고도 또 다른 단점이 있다. 주로 같은 산업 내에서 일어나기 때문에 다른 기업도 마찬가지로 모방 행위를 할 가능성이 높다는 것이다. 앞서 소개한 기아자동차 사례는 일찍부터 자동차 업체들이 디자인 경영의 원리를 모방해 이 분야에서 치열한 경쟁을 벌여왔음을 잘 보여준다. 이처럼 한 생태계 내에 많은 개체들이 동일한 원리를 모방하기 시작하면 유사한 가치를 제공하는 기업들의 숫자가 늘어난다.

이와 같은 상황을 생물학에서 유래한 개념에 빗대 표현하자면 '밀도의존density dependency 현상'이 나타난다고 할 수 있다. 밀도의존은 특정 개체의 숫자가 늘어나거나 줄어들면서, 즉 밀도가 달라지면서 개체의 번식력이나 생존율 등이 영향을 받는 현상을 의미한다. 자동차 업계로 예를 들자면 대부분 기업들이 원리형 모방에 나서면서 디자인 경영을 도입함에 따라 디자인 분야에서의 경쟁이 증가했다.

이와 같은 변화로 유명 디자이너의 몸값이 치솟으면서 기업에 비용 부담을 주고 있다. 게다가 경쟁이 심화되면서 더 이상 디자인만으로는 차별화된 경쟁력을 갖추기가 쉽지 않은 상황이다. 또한 유사한 원리를 모방하는 기업들이 늘어나면 경쟁이 심화되면서 업계 전체적으로 이익률이 낮아질 수 있다. 서로 다르지만 질적으로 유사해지는 현상인 '이질적 동질화'가 나타나 비슷한 분야에서 경쟁이 고조될 수 있다는 의미다.

또 실무적으로는 원리형 모방에 절대적으로 필요한 경쟁사의 성공 원리를 제대로 파악하는 게 쉽지 않다는 점도 문제다. '인과관계의 모호성causal ambiguity'으로 인해 잘못된 원인을 성공 요인으로 분석하고 엉뚱한 원리를 모방할 수 있다는 단점도 있다. 사실 어떤 기업에서든 자신의 성과 창출 원인을 정확히 분석하기란 쉽지 않다. 따라서 다른 기업의 근본적인 성공 원리를 파악하고 이를 모방하면서 성공하기는 더욱 어렵다.

물론 어렵다는 것이지 불가능하다는 것은 아니다. 많은 학자들이 기업들의 성공 요인에 대해 다양한 이론과 분석들을 내놓고 있고, 이들의 노력으로 밝혀진 성공 원리를 실무에 적용하는 방법이 있기 때문이다. 물론 여기서도 경쟁하는 이론들이 많기 때문에 어느 학자의 논리를 선택하느냐의 문제는 여전히 남게 된다. 즉, 원리형 모방은 모방의 원형인 원리를 파악하는 것이 쉽지 않은 과제로 등장한다.

창조형 모방

창조형 모방은 4가지 모방의 유형 가운데 가장 부작용이 적고 혁신의 파급 효과가 크다. 따라서 4가지 유형 중 가장 권장할 만한 모델이다.

디즈니랜드를 만드는 일에 참여한 천재 건축가, 발터 그로피우스의 사례를 보자. 그는 독일 퓌센의 노이슈반슈타인 성에서 디즈니랜드의 주요 건물 아이디어를 얻었다. 두 건물은 한눈에 봐도 외부의 디자인이 비슷하게 닮아 있다. 이는 이식형 모방에 해당한다.

그로피우스의 위대함은 창조형 모방 사례를 보여주는 다음 일화에서 알 수 있다. 그로피우스는 디즈니랜드의 주요 건물을 설계한 후에 고민에 빠졌다. 성들 사이를 오가는 가장 빠르고 좋은 길을 내고 싶었는데 아무리 고민해도 뚜렷한 해결책이 떠오르지 않았던 것이다.

때마침 그는 프랑스 포도농장으로 여행을 떠났다. 당시 프랑스 포도농장 주인들은 대부분 직접 포도를 따서 판매했다. 그런데 유독 한 포도농장에서는 다른 농장의 방식을 따르지 않았다. 누구라

독일 노이슈반슈타인 성(왼쪽)과 디즈니랜드(오른쪽)

도 5프랑만 내면 포도를 마음껏 따갈 수 있게 한 것이다. 그러자 이 농장에는 다른 농장보다 훨씬 많은 손님이 몰려들었다. 사실 이 포도농장에 다른 의도는 없었고 단지 농장 주인이 몸이 아파 포도를 딸 수 없었기에 이런 비즈니스 모델을 만들게 됐다.

그로피우스의 창의성은 여기서 발견된다. 그는 포도농장에 손님이 북적대는 것을 보자마자 순식간에 이 모델의 원리를 파악해 자신의 고민을 해결했다. 초기 입장료만 내면 고개 스스로 마음껏 돌아다니면서 가치를 창출할 수 있도록 한 것이다. 이 원리를 그가 고민하고 있던 디즈니랜드 도로 개설 문제에 대입하면, '고객들이 마음껏 디즈니랜드를 돌아다니면서 스스로 가치(길)를 생산하게 하는 것'으로 변환할 수 있다.

그로피우스는 실제로 행동에 돌입했다. 그는 완성된 디즈니랜드에 잔디 씨를 뿌리고 사람들이 마음껏 돌아다닐 수 있게 했다. 자연스럽게 길이 생겼고 이는 사람들의 편의성을 높이는 최적의 길이 됐다. 1971년 런던에서 열린 조경 심포지엄에서 가장 훌륭한 도로 설계라는 평가를 받았을 정도다.[16]

창조형 모방은 이처럼 강력한 해결책을 제시하면서도 지식 재산권 논란에서 자유롭다는 장점이 있다. 원리를 모방한데다, 모방 대상과 전혀 다른 맥락에서 그 원리가 적용되기 때문에 아이디어를 제시한 사람이 어디에서 아이디어를 얻었다고 굳이 이야기하지 않는다면 모방 대상이 무엇인지조차 파악하기 어렵다. 아마 프랑스 포도농장을 운영하는 노부부는 그로피우스가 "당신들의 사업 원리를 모방해서 훌륭한 도로를 조성했다"고 친절하게 설명을 해줘도 자신들이 무슨 도움을 줬는지 이해하지 못할 수도 있다.

이들은 그냥 몸이 아파 그렇게 한 것일 뿐이고 자신들의 포도밭 운영 원리가 무엇인지 고민해본 적도 없을 것이기 때문이다. 따라서 포도농장 운영과 도로 개설이 어떻게 연결됐는지 감을 잡기 쉽지 않을 것이다. 그러므로 포도밭 농장 주인들이 지식 재산권 침해로 그로피우스에게 소송을 제기할 확률은 거의 '제로'에 가깝다(물론 제기했다 해도 승소할 확률은 거의 없다). 앞서 설명한 금속활자, 컨베이어 벨트, 잡스의 개방형 모델 모두 아이디어를 제공한 와인 프레스 개발자, 도축업자, 영화제작자들이 자신들의 아이디어가 도용됐다는 사실조차 파악하기 쉽지 않다.

창조형 모방 사례를 보면 피카소가 '훌륭한 예술가는 모방하고, 위대한 예술가는 훔친다'는 유명한 말을 남긴 이유를 알 수 있다. 모방의 4가지 유형을 감안해 피카소의 말을 해석하면 '훌륭한 예술가는 복제형, 이식형, 원리형 모방에 머물고 위대한 예술가는 창조형 모방을 한다'로 풀이할 수 있다. 피카소가 말한 '훔친다'의 의미는 위대한 예술가들의 경우, 도둑을 맞은 사람이 도둑을 맞은지도 모를 정도로 완벽하게 이면의 원리를 찾아내 다른 맥락에서 조합한다는 데서 시작한다. 어떤 흔적도 남기지 않아 완전범죄에 가까운 '절도'가 가능하다는 것이다. 지금까지 역사를 바꾼 위대한 혁신 속에는 바로 이 창조형 모방의 힘이 담겨 있었다.

창조형 모방은 업종의 경계를 넘어서 강력한 파괴력을 만들어낼 수 있다. P&G와 픽사, BMW는 어떤 공통점을 갖고 있을까? 각각 종사하는 산업이 생활용품과 영화, 자동차로 공통적인 부분이 없고 산업의 규모 면에서도 워낙 차이가 나기 때문에 공통점을 찾기가 쉽지 않다. 조금 고민해보면 창의적인 아이디어를 많이 내는 초우량 기업이라는 점 정도가 눈에 들어온다. 이들 기업의 공통점은 세 기업 모두 패션업계의 '양뇌형 파트너십' 원리를 모방했다는 데 있다.[17]

양뇌형 파트너십이란 창의성을 담당하는 인물(우뇌형 인물)과 논리적 사고를 중시하는 냉철한 경영자(좌뇌형 인물)가 파트너십을 이뤄 경영진을 구성하는 것을 말한다. 원가 및 공급망 관리 등 분석적 경영을 잘해야 할 뿐만 아니라 창의성 경쟁에서도 뒤처져서는 안 되는 패션 업체들은 일찍부터 이런 모델을 운영해왔다. 양뇌형 파트너십은 창의성과 효율성이란 두 마리 토끼를 잡을 수 있는 것이 특징이다. P&G나 픽사, BMW는 모두 패션업계의 이런 원리를 전혀 다른 업종에서 성공적으로 적용한 기업들이다.

P&G는 생활용품 업체지만 과감하게 우수한 디자이너를 고용하고 권한을 부여해 양뇌형 파트너십을 구축했으며, 픽사도 창의성을 담당하는 영화감독(브래드 버드)과 프로듀서(존 워커)가 팀을 이뤄 기업을 이끌고 있다. BMW는 현대와 삼성에서 영입 경쟁을 벌여 화제가 됐던 크리스 뱅글의 오랜 디자인 리더십으로 공학 중심의 기업 문화와 창의성이 적절한 균형을 이루도록 했다.

이처럼 전혀 다른 업종에서 영업을 하는 세 기업이지만 패션 회사의 핵심 성공 원리를 제대로 파악했고 이를 각 회사의 맥락에 맞게 모방하는 데 성공한 이후, 이들은 창조성과 효율성이 모두 돋보이는 선도 업체로 도약했다.

하지만 창조형 모방이라고 해서 장점만 있는 것은 아니다. 원리형 모방과 같이 반드시 미리 알아야 하는 성공 원리를 파악하기가 힘들고, 이를 다른 맥락에서 적용하는 과정이 인지적 거부감을 일으킬 수 있다. 대부분의 혁신 사례들을 연구해보면 초기에 혁신적인 아이디어를 제시하고 받아들이는 과정에서 조직 내외의 반발에 직면한다. 대개 이를 극복하지 못하고 혁신 실행에 실패하고 만다.

또한 창조형 모방은 본질적으로 실패 확률이 높다. 성공 원리를 파악하는 과정에서 잘못된 방향으로 원리를 오해할 수 있고, 고객들이 원하지 않는 방향으로 원리를 적용할 수도 있다. 아이디어 실행 과정에서 비용 통제 실패로 가격이 상승해 혁신적인 콘셉트가 시장에서 상업적으로 실패할 확률도 있다.

일반적으로 이미 존재하는 시장에서 사소한 개선이 이뤄진 제품의 실패 확률은 상대적으로 낮다. 반면 혁신의 수준이 높고 기존의 통념과 차이가 나는 제품일수록 실패 확률은 커진다. 4가지 모방 유형 가운데 특히 창조형 모방은 이면의 원리를 전혀 다른 맥락에서 결합했기 때문에 기존 시장에서는 이러한 유형의 상품에 대해 거부감을 가질 확률이 높아지는 것이다.

04

모방 유형으로 알 수 있는 것들

모방 유형이 주는 시사점

지금까지 각 모방 유형별 장점과 단점을 살펴봤다. 모방의 4가지 유형 구분이 주는 시사점은 다음과 같다.

만약 당신 혹은 당신의 기업이 자원이나 기술, 인력을 제대로 갖추지 못했다면 일단 복제형 모방부터 시작하는 게 좋다. 위대한 예술가, 스포츠 스타, 과학기술자 등 한 분야의 정상의 자리에 오른 사람들은 과거 인류가 수많은 시도와 실패로 축적한 지식과 실행력을 배우고 익히고 모방하며 성장했다.

기업도 마찬가지다. 앞서 예로 든 과거 현대자동차처럼 가진 게 없다고 여겨진다면 해당 분야의 선도 기업을 열심히 배우고 모방해야 한다. 당장 국숫집을 시작했는데 요리 기술도 부족하고 돈도 없고 인맥도 없다면, 손님이 끊이지 않고 장사가 잘 되는 국숫집에 가서 먹어보고 연구하며 최대한 비슷한 맛을 내도록 노력해야 할 것이다.

초기 복제형 모방 과정을 제대로 거치지 않으면 다른 유형의 모방을 시도하는 것 역시 성공하기 힘들다. 복제형 모방을 무시한 채 좀 더 고차원적인 모방에 도전하는 것은 마치 정물화 하나 제대로 못 그리는 사람이 비구상화에 도전하는 것과 같다. 대상이 갖고 있는 형태를 추상화하여 표현하는 비구상화는 누구나 쉽게 그릴 수 있을 것 같다고 여기지만 전문가는 한눈에 작가의 내공 수준을 알아볼 수 있다.

실제로 나의 지인 중 한 명은 고등학교 시절 비구상을 전공한 미술 선생님께 "그림을 전공하고 싶다"고 말한 적이 있었다. 그러자 그의 선생님은 "자네는 그림에 별로 소질이 없는데 어떻게 하려고 하나"라고 물었다. 그 사람은 "저도 선생님처럼 비구상을 하면 되지 않습니까"라고 말했다가 선생님에게 혼쭐이 났다고 한다.

더 쉽게 풀어보면 이렇다. 만약 예술에 관심이 별로 없는 학생이 미술 숙제를 하기 위해 철물점에서 변기를 사다가 제출했다면 틀림없이 선생님께 혼이 났을 것이다. 하지만 위대한 예술가 마르셀 뒤샹의 경우는 달랐다. 그는 철물점에서 변기를 사다가 서명을 하고 미술전에 출품했는데 이 변기는 유명한 현대미술관인 퐁피두 센터의 중요한 소장품이 됐다. 왜 똑같은 행동을 했는데도 한쪽은 비난을 받고 한쪽은 위대한 예술가라고 칭송받을까?

뒤샹은 변기를 출품하기 이전에 지난한 모방 과정을 거치면서 무공을 축적했고 수많은 실험과 시도, 고민을 거듭했다. 그는 다양하면서도 파격적인 시도를 거치면서 예술이 예술가의 손으로 만든 결과물이 아니라 예술가의 생각 그 자체라는 통찰에 이르렀다. 예술가의 창작 행위에서 '생각의 단계'가 가장 중요하다는 이면의 원리를 파악했고, 이를 과감하게 행동으로 옮긴 것이 바로 일상의 변기를 작품으로 제출한 것이었다.

이러한 과정이 있었기 때문에 뒤샹은 위대한 예술가 반열에 올라설 수 있었다. 즉, 그의 행동은 '재구축을 위한 기존 상식의 파괴'라고 볼 수 있다. 학생이 변기를 미술 숙제로 제출한 것은 그냥 '단순한 파괴'일 뿐이다. 모든 위대한 예술가가 경험했던 것처럼 복제형 모방을 통해 무공을 쌓는 일은 창조형 모방을 자유자재로 활용하기 위한 성장 과정에서 반드시 필요하다.

그렇다고 복제형 모방에만 머물러서는 안 된다. 다음 단계로 나아가야 한다. 원리를 파악해 모방하거나, 다른 산업 분야 혹은 전혀 다른 출처를 통해 모방 대상을 찾아야 한다. 복제형 모방에만 안주하면 환경 변화에 대응할 수 없다. 복제형 모방은 누구나 노력하면 어느 정도 따라올 수 있기 때문이다. 따라서 같은 모델로 더 잘 복제하는 경쟁자가 나타나면 생존 기반에 직접적 위협을 가할 수 있다.

1990년대 후반부터 2000년대 중반까지 한국에는 중소 휴대전화 '업계'가 존재했다. 맥슨전자, 세원텔레콤, 텔슨전자 등이 중국 업체들의 OEM(주문자상표부착방식) 생산으로 한때 큰돈을 벌어들였다. 하지만 중국 업체가 복제형 모방을 통해 휴대전화 독자 생산 역량을 갖추자 한국 중소 업체들은 순식간에 몰락의 길로 접어들었다.

한때 첨단 기술의 상징으로 여겨졌던 휴대전화 기술은 시간이 지나면서 급속히 진부해지고, 여러 분야에 널리 쓰이게 됐다. 이에 따라 부품이 모듈화되어 손쉽게 주요 부품을 구매할 수 있게 됐고, 중국 업체들은 어렵지 않게 휴대전화를 자체 생산하게 됐다. 게다가 중국 업체들은 한국보다 훨씬 저렴한 인건비를 바탕으로 원가 경쟁력까지 갖추게 됐다. 결국 한국 휴대전화 OEM 업계 전체는 한순간에 통째로 사라질 수밖에 없었다. 이 사례는 복제형 모방에만 머물러 있으면 환경 변화에 취약할 수밖에 없다는 시사점을 준다. 생존을 위해서라도 한 차원 높은 모방을 시도해야 한다.

복제형 모방에서 한걸음 나아간 형태인 이식형과 원리형 모방은 겉으로 드러난 표면의 양상을 모방하지 말고 깊은 이면의 원리를 찾거나, 다른 산업 혹은 다른 맥락에서 모방 대상을 선택해야 한 단계 도약할 수 있다. 우리는 살아가면서 수없이 많은 모방 행위를 하지만, 대개 겉으로 드러난 양상을 모방하는 데 그친다. 예를 들어 학창 시절 공부를 잘 하는 친구가 새벽 한시까지 잠을 자지 않는다는 이야기를 듣고 그 학생을 모빙해 새벽 한시까지 공부하는 학생들이 꼭 있다. 이는 겉으로 드러난 양상만을 모방하는 것이다.

물론 늦게까지 깨어 있는 것도 공부에 도움을 줄 수 있지만 결정적인 비책이 되지는 못한다. 제대로 성적을 향상시키려면 공부 잘하는 학생들의 공부 원리인 예습과 복습 방식, 특정 참고서를 활용하는 방안 등을 찾아서 모방해야 한다. 이런 원리형 모방을 하면 공부 방법에 근본적인 변화를 모색할 수 있다.

또 이식형 모방도 얼마든지 활용할 수 있다. 가령 집중력이 부족한 학생이라면, 집중력을 강화하는 운동 방법 등을 배워 공부에 적용하는 것도 해결책이 될 것이다.

이식형, 원리형 모방을 훈련하다 보면 자연스럽게 창조형 모방의 노하우를 얻을 수 있다. 앞서 언급한 대로 창조형 모방은 실패 확률이 높다. 그럼에도 지금 우리는 과거 어느 때보다 창조형 모방의 홍수 시대에 살고 있다. 그만큼 수많은 분야의 기업들이 창조형 모방을 위해 머리를 싸매고 있다는 뜻이다.

시장은 엄청난 속도로 변화하고 있고, 게임의 규칙도 수시로 바뀐다. 따라서 단순히 실패 위험이 높다는 이유로 창조형 모방에 나서지 않는다면 존폐의 위기에 처하게 된다. 내가 혁신하지 않으면 경쟁자, 혹은 전혀 관련 없는 분야의 기업이 창조형 모방을 통한 새로운 사업 모델을 선보일 것이기 때문이다.

GM, 노키아, 마이크로소프트, 닌텐도, 씨티그룹 등 산업사회를 빛냈던 거대 기업들도 쇠락하고 있을 만큼 변화의 파고는 위협적이다. 산업의 경계가 상시적으로 붕괴되며, 기존 경쟁력을 무의미하게 만드는 파괴적 혁신이 수시로 일어나는 21세기 초경쟁 시대에 창조형 모방은 생존을 위한 불가피한 선택인 셈이다.

그렇다고 기업 역량의 100%를 창조형 모방에 투입하는 것은 어리석은 일이다. 감당할 수 없을 만큼 위험이 높아지기 때문이다. 기존 사업을 보다 효율화하는 활동을 벌이면서 과거와 다른 방식의 창조형 모방에 기초한 새로운 사업 아이디어도 실행해야 한다.

최근 연구 결과[18]에 따르면 기존 자원을 활용해 보다 점진적으로 효율성을 높이는 활동에 10의 자원을 투자한다면 창조형 모방처럼 새로운 시도를 하는 혁신 활동에 7 정도의 자원을 투입하는 기업이 가장 좋은 성과를 내는 것으로 나타났다. 하지만 대부분의 기업들은 기존 자원의 활용도를 점진적으로 높이는 보수적 활동의 비중이 훨씬 높은 편에 속했다. 과거 관행을 깨고 창조형 모방 활동의 비율을 보다 높여야 한다는 점을 보여준 연구 결과다.

모방 유형별 장단점과 특징

모방 유형	복제형	이식형	원리형	창조형
장점	– 탁월한 학습 효과 – 초기 자원 획득에 유리한 방법론	– 핵심 과제를 쉽게 해결할 수 있음 – 모방 대상을 잘 선택하면 다양한 문제 해결 가능	– 지적 재산권 침해 논란에서 상대적으로 자유로움 – 개인이나 조직의 특성에 맞는 자유로운 변형 가능	– 혁신성이 가장 강한 모델 – 지적 재산권 침해 위협이 낮음 – 다른 기업들의 복제가 어려움
단점	– 특허나 지적 재산권 침해 가능성 – 브랜드 인지도 저하 – 다른 업체도 복제 모방에 나서 경쟁 강도가 심해짐	– 특허나 지적 재산권 침해 가능성이 높아 사전에 문제 해결해야 – 외부 기술 도입 과정에서 NIH (Not Invented Here)신드롬 나타날 가능성	– 성공 원리 파악의 어려움 – 일정 수준의 지적 재산권 침해 가능성 및 동종 경쟁 업체의 견제나 보복 확률이 높음	– 고정관념에서 벗어난 아이디어가 많아 조직 내 지원 받기 쉽지 않음 – 성공 원리 파악의 어려움
특허 침해 위험 수준	매우 높음	높음	낮음	낮음
사업 실패 확률	낮음	중간	중간	높음
혁신 수준	낮음	높음	높음	매우 높음
일반인 인식과의 괴리도	낮음	낮음	높음	매우 높음

05

'좋은 모방'이 시작되는 순간

모방 아이디어의 원천

혁신이 경제 발전의 핵심 동력이라는 아이디어는 1930년대 조지프 슘페터로 거슬러 올라간다. 당시 슘페터는 《경제발전의 이론》과 《경기순환론》이란 책을 통해 창조적 파괴 행위인 혁신이 경제 성장의 원동력이라는 통찰을 제시했다. 하지만 당시에 그의 이런 시각은 환영받지 못했다. 그의 강력한 라이벌이었던 케인즈가 화려한 숫자와 논리로 뉴딜 정책을 이끌며 당대 최고의 스타 경제학자로 부상했기 때문이다. 반면 슘페터는 당시 일반적 경제학자들처럼 숫자로 자신의 이론을 증명하는 스타일이 아니었고 그의 주장은 너무나 시대를 앞서나간 나머지 인정받지 못했다. 그가 재직했던 하버드대에서는 그다지 촉망받지 못한 이들을 가리키는 '슘피schumpy(슘페터같은)'라는 조어가 통용될 정도였다.

하지만 그는 사후에 각광받았다. 당시 주류 경제학자들은 토지나 노동 자본 같은 물리적 생산 요소가 경제 발전의 원동력이라고 생각했다. 하지만 슘페터는 시장의 흐름을 파악해 무엇을 어떻게 생산할지 과감하게 결정하는 이른바 '창조적 파괴 행위'로 혁신을 거듭하는 '기업가entrepreneur'가 경제 성장의 원동력이라고 생각했다. 그의 주장은 지식경제 시대의 핵심을 갈파한 이론이다. 현재 사회과학에서 가장 중요한 연구 분야 중 하나인 '혁신'과 관련한 수많은 연구들은 모두 슘페터의 사상에 뿌리를 두고 있다.

'창조적 파괴 행위'라는 슘페터의 표현은 교과서에도 실리면서 너무나 잘 알려졌지만, 혁신이 무엇인지에 대한 그의 구체적인 아이디어는 상대적으로 덜 알려져 있다. 슘페터는 혁신이 깜짝 놀랄만한 새로운 발견이나 과거에 없던 새로운 것을 만들어내는 것이 아니라고 생각했다. 슘페터는 혁신을 '이미 존재하는 지식을 재조합한 결과 만들어진 인공물artefact resulting from the recombination of existing knowledge'이라 강조했다.[19]

경제 성장의 원천이 절대지대에 있는지 아니면 차액지대에 있는지 관심이 있었던 시절에 나온 혁신에 대한 그의 통찰도 대단하지만, '혁신이 무엇인가'에 대한 그의 분석도 놀랄 만큼 본질을 간파하고 있다. 그가 말한 혁신은 과거에 없던 새로운 아이디어나 제품을 만드는 것이 아니다. 그는 이미 존재하는 것들을 잘 조합해야 혁신이 이뤄진다고 말한다. 즉, 기존 지식이나 기술, 제품 등을 잘 모방하면 얼마든지 혁신적 아이디어를 낼 수 있다는 의미다. 이처럼 혁신의 본질적인 의미는 별로 관련이 없어 보이는 것을 모방하고 결합하는 것이다.

최근 연구 결과들은 슘페터의 통찰을 더욱 탄탄하게 뒷받침한다.

전통적으로 혁신의 종류를 가장 단순하게 구분하는 방법은 '점진적 incremental 혁신'과 '과감한radical 혁신'으로 나누는 것이었다. 자동차의 가솔린 엔진 성능을 개선하거나 연비를 10% 높이는 것이 점진적 혁신이라면, 수소자동차나 전기자동차를 만들어 사용 연료에 비해 주행 거리를 획기적으로 늘리는 것은 과감한 혁신에 속한다.

만약 과감한 혁신이 기존 지식의 조합이 아닌 전혀 새로운 아이디어의 발견이라면, 그래서 과감한 혁신이 점진적 혁신보다 기존 지식에 덜 의존해도 된다면 슘페터의 주장은 틀린 것이 된다. 다시 말해 과감한 혁신 기술은 온통 새로운 아이디어만으로 가득 차야 할 것이다.

슘페터의 견해가 실제로도 맞는지 알아보기 위해 에인트호벤 공대 연구팀은 특허 데이터베이스를 기반으로 실증 분석을 실시했다. 연구 결과, 과감한 혁신이나 점진적 혁신 모두 기존 지식에 대한 높은 의존도를 보였다. 데이터를 분석해보니 과감한 혁신에 해당하는 특허들은 점진적 특허에 비해 옛날 기술을 보다 적극적으로 활용했으며 특히 다른 분야의 기술을 더 많이 활용한 것으로 나타났다. 즉, 과감한 혁신은 옛 기술이나 다른 분야의 기술을 더 광범위하게 모방했을 때 이뤄진 것이다.[20]

혁신의 본질은 무에서 유를 찾는 게 아니다. 있는 것을 연결하고, 다른 분야의 지식을 모방하고, 과거의 지식도 현재의 관점에서 새롭게 되살려내야 한다.

이제부터 우리는 세상에 없는 아이디어를 창조하려고 머리를 짜낼 필요가 없다. 이미 우리가 알고 있는 것, 우리가 조금만 노력하면 알 수 있는 것에 창조적 아이디어의 원천이 숨어 있다. 창조형 모방의 원리를 이해하면 혁신은 한결 친근하게 우리 곁에 다가온다.

06

'좋은 모방'으로 가는 지름길

창조형 모방을 위한 과정

창조적 모방을 위한 구체적인 방법을 정의하기는 어렵다. 하지만 창조형 모방 자체가 원리형과 이식형 모방 프로세스를 포괄하고 있고, 이것이 발전해 창조형 모방을 이룬다는 점에서 간추린 방법론을 제시할 수 있으리라 생각한다. 또한 창조형 모방을 가능하게 하는 사고방식에 익숙해지면 원리형, 이식형 모방의 결과물을 내는 것도 그다지 어렵지 않을 것이다.

이런 생각을 토대로 창조형 모방 사례에 대한 메타 분석을 거친 결과 다섯 가지 단계를 발견할 수 있었다. 이 다섯 단계는 다음과 같다. 1단계는 '문제의식 갖기' 2단계는 '핵심 과제 선정' 3단계는 '모방 대상 탐색' 4단계는 '재조합 방법 결정' 5단계는 '실행'이다.

사례를 통해 5단계의 구체적인 내용을 좀 더 쉽게 살펴보도록 하겠다.

첫 번째 단계에 속하는 '문제의식 갖기'는 사소한 문제가 발생했을 때 그냥 넘어가지 않고 문제의 근원점을 깨닫고 발견하는 과정을 의미한다. 혁신가와 일반인을 가르는 결정적 차이가 바로 이 1단계에서 발생한다.

일례로 가정에서 프라이팬을 사용해본 사람이라면 생선을 굽거나 전을 부칠 때 불편함을 느껴봤을 것이다. 뒤집는 과정에서 식재료 모양이 부서지거나 기름이 튀기면서 화상을 입을 뻔한 경험을 한 사람도 수없이 많다. 모두가 이런 일을 겪지만 거의 대부분은 '그러려니' 하는 생각으로 참고 넘어간다. 혹은 식재료를 더 잘 뒤집는 기술을 개발해야겠다는 순응형 태도를 보이곤 한다.

하지만 혁신가는 다르다. 불편을 느꼈을 때 그냥 넘어가지 않고, 이런 상황을 '문제'로 인식한다. 우리 주위에 문제는 수없이 많지만 이를 문제로 인식하고 탐색하는 사람은 극히 소수다. 혁신가가 드물 수밖에 없는 이유다.

두 번째 단계는 '핵심 과제를 선정하는 것'이다. 앞 단계에서 예로 든 프라이팬 이야기를 계속해보겠다. 프라이팬과 관련한 문제는 수없이 많이 나열할 수 있다. 생선 같은 식재료는 잘 부서져서 다루기 힘들다, 기름이 주변으로 자꾸 튄다, 달구어지면 온도가 높아져 다루기 힘들다, 뒤집는 과정 자체가 문제다, 등 수없이 많은 관점에서 문제를 제기할 수 있다.

혁신가는 스스로 해결할 수 있는 핵심 과제를 찾아내야 한다. 식재료가 잘 부서지지 않도록 강화제를 개발할지, 저온에서도 튀김 요리가 가능한 기름을 개발할지, 적정한 온도를 유지시켜주는 프라이팬을 개발할지, 아니면 뒤집는 과정 자체를 개선해볼지 등 다양한 접근이 가능하다. 이 가운데 실현 가능성이 높고 자신의 역량과 현재의 기술 수준으로 목표를 달성할 수 있으면서 부작용이 적어 고객들에게 보다 큰 가치를 제공할 수 있는 과제를 핵심 과제로 선정한다.

식재료를 단단하게 해주는 강화제는 인체 유해성이나 식감의 문제 등 보완해야 할 것들이 많아 얻는 것에 비해 잃는 게 너무 클 수 있다. 새로운 튀김용 기름을 개발하거나 온도를 낮추는 것도 기술적 문제뿐만 아니라 요리 과정에서 온도의 차이로 인한 맛의 변화 등 부작용이 발생할 수 있다. 그렇다면 가장 현실적인 해결책은 뒤집는 과정 자체를 개선하는 것이 된다. 따라서 해결해야 할 핵심 과제로 '재료를 보존하고 기름이 튀기는 문제가 생기지 않도록 식재료 양면에 열을 가하는 프라이팬 개발'을 정하면 된다.

세 번째 단계는 두 번째 단계에서 도전 과제로 선정한 문제를 본질적으로 해결해줄 '모방 대상을 탐색하는 것'이다. 재료를 뒤집지 않고 익히려면 재료가 그대로 있으면서 식재료 양면에 열을 가할 수도 있고, 재료가 아닌 프라이팬을 뒤집어서 문제를 해결하는 방법도 있다.

식재료의 양면에 열을 가하는 도구는 쉽게 찾을 수 있다. 바로 오븐이다. 그리고 프라이팬을 뒤집으며 요리하는 방법도 그다지 어렵지 않게 찾을 수 있다. 붕어빵이나 호두과자, 와플을 굽는 틀은 도구 자체가 뒤집히며 식재료를 익힐 수 있으니 말이다. 만약 핵심 과제를 잘 선정했다면 좋은 모방 대상도 얼마든지 찾아낼 수 있다.

네 번째 단계는 모방 대상으로부터 어떤 지식이나 기술을 가져와

조합할지를 결정하는 것이다. 오븐 방식은 이미 기술적인 부분으로 개발이 많이 이뤄진 상태이고, 가격이 비싼 편이라 진입하기에 부담도 따른다. 그렇다면 붕어빵을 굽는 틀의 원리를 모방해 양면 프라이팬을 개발하면 첫 번째 단계에서 발견한 문제를 원천적으로 막을 수 있을 것이다.

붕어빵의 틀 원리를 프라이팬에 결합하려면 우선 양면 요리가 가능하도록 철판을 붙여야 하고, 식재료를 넣고 뺄 수 있도록 양면의 탈부착이 이뤄져야 하며, 틀을 뒤집는 과정에서 내용물이 새지 않아야 한다. 이 원리를 결합하면 이제 해결할 과제가 명확해진다. 프라이팬의 아래쪽뿐만 아니라 위쪽에도 철판을 대고, 두 철판은 쉽게 붙었다 떼었다 할 수 있어야 하며, 붙었을 때에는 내용물이 흘러나오지 않도록 잘 접착돼야 한다.

마지막 단계는 '실행'이다. 4단계에서 가치 조합 방법을 잘 결정했다면 이 단계에서는 구체적인 실현 방법을 찾아야 한다. 물론 이 과정에서 다양한 도전을 극복해야 한다. 윗면에 철판을 대서 양면으로 만들고 두 철판이 쉽게 붙었다 떼었다 하게 만드는 것은 그다지 어렵지 않다. 하지만 요리 도중 양면 프라이팬 내의 내용물이 틈새로 새지 않게 하는 건 만만치 않은 과제일 것이다. 위쪽과 아래쪽 철판 사이에 실리콘 같은 물질을 붙이면 가능하지만 가스불 위에서 음식을 익혀야 하니 고온, 고열에 잘 견디는 제품을 찾아야 한다. 이를 찾아 잘 부착시키면 과제는 완료된다.

위의 과정은 해피콜에서 양면팬을 개발할 때의 사례를 창조형 모방을 위한 5단계 프로세스에 맞게 재구성한 것이다. 실제 이 아이디어를 낸 해피콜 사장은 프라이팬 사용 과정에서 주부들의 불편을 지나치지 않고 문제의식을 갖고 바라봤으며 이 문제의 해결책을 찾는 과정에서 붕어빵 틀을 보고 결정적 혁신 아이디어를 얻었다.

붕어빵 틀의 원리를 전혀 다른 분야인 가정용 프라이팬과 결합하여 전형적인 창조형 모방을 이뤄낸 것이다. 물론 마지막 실행 단계는 결코 쉽지 않았지만 다우코닝사와 상담한 결과 고온에도 잘 견딜 수 있는 실리콘을 구할 수 있었다. 이런 과정을 거쳐 개발된 양면팬은 해피콜의 든든한 성장 발판이 됐다.

창조형 모방의 5단계 프로세스는 각 단계가 갖는 힘 또한 굉장하다. 과정 중간에 버려진 아이디어를 잘 모색해보면 새로운 문제의식을 가질 수 있기 때문이다. 예를 들어 3단계에서 프라이팬의 불편함을 해결하는 방법으로 제시됐던 오븐에 주목해보자. 오븐은 식재료를 구워준다는 의미에서 건강에도 좋고, 뒤집지 않아도 되어 요리 과정에서 매우 유용하지만 가격이 비싸고 부피가 크다는 단점이 있다.

해피콜은 오븐의 또 다른 문제의식을 토대로 프라이팬처럼 가스레인지에서 쉽게 요리할 수 있으면서도 전면에 열을 가하는 오븐의 핵심 원리를 모방한 제품을 출시했다. 바로 직화오븐이다. 프라이팬처럼 사용이 쉬우며 가볍고 가격이 싸지만, 식재료 전면에 열을 공급하는 오븐의 원리를 이용했기 때문에 오븐과 같은 효과를 볼 수 있다. 이 두 제품은 모두 주방용기 시장에서 매우 이례적인 누적매

출인 1,000억 원을 훌쩍 뛰어넘었다.[21]

창조형 모방을 위한 5단계 가운데 1~4단계는 추구할 목표가 무엇인지 찾는 '목적 발견goal-finding' 과정이며, 5단계는 목표를 구체적으로 달성하기 위한 '목적 추구goal-pursuing' 절차다. 목적 발견과 목적 추구 모두 성공의 필수 불가결한 요소다. 이중에서 보다 어렵다고 생각하는 과정은 목적 추구보다 목적 발견 쪽이다. 특히 한국인과 한국 기업들은 이제 목적 추구 활동보다 목적 발견 활동에 더 매진해야 한다는 판단이다. 이와 관련해서는 창조형 모방의 실행 단계을 다룬 장에서 더 자세히 살펴보겠다.

소위 대박 행진을 이어간 해피콜의 이현삼 사장은 창조형 모방을 위한 5단계 프로세스 중에서 첫 단계가 가장 중요하다고 말했다.

"신제품은 세상에 없는 걸 새로 만드는 게 아닙니다. 사람의 아이디어에는 한계가 있어요. 소비자들에게 불필요했던 것, 불편했던 것, 개선했으면 하는 부분을 찾아서 해결하면 이것이 아이디어가 되고 신싱품이 됩니다."[22]

문제의식이 없다면 혁신과 창조는 공허한 메아리가 된다. 그러나 앞서 설명했듯이 같은 현상을 보고도 아무것도 느끼지 못하는 사람들이 대다수다. 뒤이은 3장에서는 창조적 모방을 방해하는 인간의 인지적 한계에 대해 알아본다. 그리고 이후에 창조형 모방을 위한 5가지 프로세스를 보다 자세히 살펴보도록 하겠다.

the *Power of Creative Iimitation*

'좋은 모방'을 방해하는 것들

01 본능적인 움직임

뇌 구조

창조형 모방의 구체적인 사례들을 보면 '이렇게 쉬운 일을 왜 다른 기업들이 시도하지 못했을까' 하는 의문이 든다. 그만큼 아이디어 자체는 그다지 놀랍지 않다. 구텐베르크가 금속활자를 개발했을 때의 기술 수준을 고려해보면 그가 개발한 신기술은 '놀라운' 혁신과 거리가 멀다. 오히려 당시 기술 수준을 봤을 때 '왜 금속활자가 더 빨리 개발되지 않았을까' 하는 의문을 제기할 수 있을 정도다.

하지만 여기에는 충분한 이유가 있다. 인간의 수많은 별명 중 하나인 '인지적 구두쇠cognitive miser' 때문이다. '인지적 구두쇠'란 두뇌를 왕성하게 활용해서 최적의 대안을 찾기보다 투철한 절약 정신을 발휘해 두뇌 쓰기를 아끼는 것을 의미한다. 사람들은 누구나 필요한 만큼, 직접적인 생존에 도움이 되는 만큼만 머리를 쓰려 한다. 따라서 구텐베르크와 동시대를 살아가는 사람들에게 와인 프레스는 포도를 압착하는 기계일 뿐이었다. 현재 활용하고 있는 용도 이외의 분야에 와인 프레스의 원리가 적용될 것이란 생각을 할 필요도, 이유도 없었다. 수많은 사람 가운데 오로지 구텐베르크만이 와인 프레스의 원리가 인쇄술에 적용될 수 있다고 생각하고 실행에 옮겼다.

과거 경제학은 인간이 매우 합리적이어서 활용 가능한 데이터를 충분히 분석해 최적의 대안을 찾는다고 가정했다. 하지만 실생활에서 이런 합리적 행동을 하는 비율은 그다지 높지 않다. 과거 경제학 이론에 의한다면 어떤 상황의 불확실성이 높아질수록 인간은 이에 대처하기 위해 더 합리적인 판단을 해야 할 것이다. 하지만 행동경제학자들의 실험 결과, 불확실성이 높을수록 사람들은 주먹구구나 어림짐작 같은 방법으로 판단을 내린다고 한다.

대부분의 인간들은 최소한의 노력을 투자해 사물을 판단하고 생각을 정리하며 의사결정을 한다. 고향과 출신 학교만 보고 저 사람은 어떤 특징을 가졌을 것이라고 가정하거나, 순간의 느낌이나 기분, 충동에 의해 의사결정을 하는 경우가 그렇다. 건강을 위해 애써 등산을 하고 난 후 폭음을 하기도 하고, 평소에는 몇백 원을 아끼기 위해 걸어 다니던 사람이 몇백만 원짜리 냉품의 유혹을 참지 못해 과감하게 지르기도 한다.

어떤 분석에 의하면 몸무게에서 두뇌가 차지하는 무게는 2%밖에 안 되지만 두뇌가 사용하는 에너지는 무려 20%나 차지하기 때문에 두뇌는 가능하면 에너지 절약 모드로 가고자 노력한다고 한다.[23] 때문에 이렇듯 충동적인 결정을 내리는 경우가 발생하는 것이다. 한편으로 인간이 수백만 년 동안 자연의 위협 속에서 힘겹게 생존해온

점을 감안해보면 이런 패턴이 나타난 이유를 보다 쉽게 이해할 수 있다는 분석도 있다.

인간은 자신보다 몸집이 크고 발이 빠르며 날카로운 이빨을 가진 동물들의 끊임없는 위협 속에서 살아남기 위해 빠른 판단력을 갖추게 됐다. 저 멀리서 고양이와 유사한 외모에 덩치가 큰 물체가 서서히 움직이고 있다면 '호랑이'라고 판단하고 최대한 빨리 도주했다. 호랑이라는 정보가 확실한지 여부를 따지거나 호랑이가 아니었을 때 도주로 인한 체력 손실을 감안하여 최적의 순간을 찾는 복잡한 수식을 계산하다가는 맹수의 먹잇감이 되기 십상이었다.

인간은 수백만 년 동안 이런 형태를 유지하여 고착시켰다. 인간이 맹수의 위협에서 벗어나 최초로 문명을 만든 것은 불과 5,000년 전의 일이다. 따라서 합리적이고 체계적인 사고보다는 순간적인 반응을 통해 위기를 모면했던 과거의 행동 양식은 맹수의 위협이 사라진 지금도 우리의 뇌 속에 뿌리 깊게 남아있다. 그래서 우리의 뇌가 1만 년 전에 멈췄고, 여전히 수렵기의 사고방식을 갖고 있다는 '사바나 원칙savana principle' 역시 새롭게 주목받는 것이다.[24]

이렇듯 아직도 인지적 한계를 갖고 있는 인간들이기에 창의적 혁신은 본능적으로도 어려울 수밖에 없다. 이밖에 창의형 모방을 가로막는 또 다른 걸림돌들은 기능적 고착과 범주화, 확증 편향, 성공의 덫 등이 있다. 차근차근 살펴보도록 하겠다.

02 볼펜은 오직 글을 쓸 때만 쓴다?

기능적 고착

일상생활에서 흔히 볼 수 있는 사물들이 혁신 아이디어의 원천이 될 수 있을까?

우리가 흔히 지나치는 시래기와 헤어드라이어가 혁신의 원천이 된 사례가 있다. 음식물 처리기 루펜을 만들어 100만대 판매를 돌파한 이희자 사장은 실제로 제품 개발 아이디어를 이 두 가지에서 얻었다. 그는 베란다에서 시래기를 정리하다 '주부들이 가정에서 음식물 쓰레기를 처리하면서 큰 불편을 느끼고 있는데 시래기처럼 말려서 버리면 얼마나 편할까'라는 생각을 했다.

이내 음식물을 말려버리면 냄새도 안 나고 세균도 생기지 않는데다 자주 버릴 필요도 없어 편리할 것이라는 확신을 가졌다. 다만 '어떻게 음식물을 말릴까'가 과제였다. 몇 차례 시도 끝에 바람을 활용해 음식물을 말리는 방법으로 제품을 개발했는데 문제는 건조까지 너무 오랜 시간이 걸린다는 점이었다.

고민을 거듭하던 이 사장은 샤워 후 헤어드라이어를 사용하면서 고민을 해결해줄 비책을 떠올렸다. 머리를 신속하게 말리기 위해 헤어드라이어를 사용하듯이 음식물 쓰레기도 열풍으로 말리면 훨씬 신속하게 건조가 될 것이란 생각이 든 것이다.[25]

이 사장의 아이디어는 창조형 모방의 프로세스와 잘 맞아떨어진다. 이 사장은 음식물을 말리면 '부피가 크게 줄고 냄새도 안 난다'는 시래기의 원리를 음식물 처리기라는 다른 맥락에 접목했다. 이어 '뜨거운 바람을 강하게 일으키면 젖은 물건이 신속히 마른다'는 헤어드라이어의 원리를 음식물 처리기란 다른 맥락에 접목시켜 혁신 아이디어를 실현시켰다. 주목할 점은 전 세계를 통틀어 수많은 사람들이 헤어드라이어를 사용해왔지만 음식물 쓰레기에 이 아이디어를 접목시켜 제품을 개발한 사람은 이 사장이 처음이었다는 점이다. 열풍건조 방식의 음식물 쓰레기 처리기는 이 사장이 세계 최초로 개발했다.

이 사장이 음식물 쓰레기 처리기를 개발하는 과정에서 열풍이란 해답을 찾아낸 것은 수많은 실패를 반복하고 난 후였다. 매일 드라이어를 사용했기 때문에 훨씬 쉽게 해답을 찾을 수 있었음에도 열풍 아이디어를 얻기까지 먼 길을 돌아갔다. 이유는 '기능적 고착function-al fixedness'이란 심리적 현상과 관련이 있다.

앞서 말했듯 인지적 구두쇠인 인간은 특정 사물은 특정 용도로만 사용해야 한다고 생각한다. 우리의 뇌는 '볼펜'을 글을 쓰는 용도의 제품이라고 규정해놓았다. 하지만 볼펜은 여드름을 짤 수도 있고 손의 무료함을 달래주는 장난감 역할을 할 수도 있으며 등이 가려울 때에는 등을 긁는 효자손 역할을 할 수도 있다. 시인이나 예술가들에게는 영감을 주는 훌륭한 모티브가 될 수도 있고 어린이들에게는 고무줄 총의 튼튼한 지지대가 될 수도 있다. 하지만 인간은 이런 수많은 활용 가능성에 대해 평소에는 눈과 귀를 닫고 있다.

헤어드라이어도 마찬가지다. 대부분의 사람들에게 헤어드라이어는 머리를 말리는 데 사용되는 물건일 뿐이다. 젖어있는 모든 것을 말릴 수 있는데도 말이다. 심지어 음식물 쓰레기를 연구하며 시간과 열정을 바쳤던 이 사장도 헤어드라이어의 원리를 음식물 쓰레기와 연결하기까지 오랜 시간이 걸렸다. 절박해지기 전까지는 헤어드라이어가 머리를 말리는 용도로 사용된다는 생각에서 한 발짝도 나아가지 못했다. 그만큼 기능적 고착의 속박은 우리의 사고를 강력하게 옥죄고 있다.

유명한 일화 하나가 기능적 고착의 사례를 잘 보여준다. 한 빵집 점원은 가난한 화가가 매일 비쩍 마른 식빵만을 사가는 것을 보며 가슴이 아파왔다. 그래서 하루는 버터를 잔뜩 바른 식빵을 몰래 넣어줬다. 하지만 다음날 화가는 씩씩거리고 나타나 작품이 망가졌다며 화를 냈다. 알고 보니 이 화가는 목탄화의 지우개로 식빵을 사용하고 있었다. 빵집 점원의 기능적 고착이 화가의 작품을 망친 셈이다.

한 유력 인사의 사모님이 흑산도산 고급 홍어회를 명절 선물로 받고서는 "어떻게 썩은 고기를 줄 수 있으냐"고 화를 내며 홍어를 버렸다는 이야기도 있다. 이 사모님은 썩은 고기는 절대 식용으로 사용할 수 없다는 기능적 고착에 갇혀 있었기에 고가의 선물이 쓰레기통

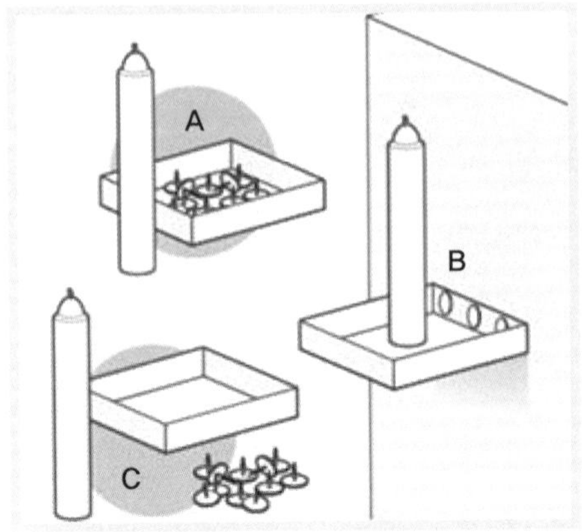

으로 들어가버린 셈이다.

기능적 고착을 잘 보여주는 실험도 있다. 먼저 실험 대상자들에게 그림 A처럼 압정이 들어 있는 상자와 양초를 제공한다. 그러고는 양초를 벽에 붙여보라는 문제를 낸다. 그러면 적지 않은 사람들이 양초를 벽에다 붙여놓고 압정을 양초에 직접 꽂아 벽에 고정시키려 한다. 하지만 이렇게 하면 압정 바늘의 길이가 양초보다 짧기 때문에 벽에 붙지 않는다.

정답은 상자에 압정을 붙여 벽에 고정시킨 다음 양초를 그 상자 위에 세우는 것이다(그림 B). 흥미로운 사실은 똑같은 문제인데도 재료를 어떻게 나눠주느냐에 따라 정답률이 달라진다는 점이다. 그림 C처럼 상자와 압정, 양초를 따로 제공했을 때 정답률이 훨씬 높아진다.

압정을 상자에 담아서 주면(그림 A) 사람들은 상자의 용도를 압정을 담는 것에 한정시킨다. 이렇게 기능이 고착되면 이를 문제 풀이 수단으로 사용하겠다는 생각을 하는 사람의 수가 급격히 줄어든다.

반면 압정과 상자를 따로 주면 상자는 압정과 더불어 문제를 풀이하는 도구로 인식하게 된다. 기능적 고착이 없어지는 셈이다. 정답률은 당연히 올라간다.[26]

기능적 고착은 창조형 모방의 가장 큰 걸림돌이다. 기능적 고착에 갇혀있으면 창조형 모방을 위한 가장 중요한 요소인 '다른 맥락으로의 모방'이 불가능해지기 때문이다.

03

당신의 소속은 어디입니까?

범주화의 덫

두 번째로 다룰 '범주화categorization'는 여러 개념이나 사물을 공통적인 속성이나 기능을 가진 집단으로 묶는 사고 활동을 말한다. 인간을 남자와 여자의 범주로 구분하거나, 노인, 중년, 청년, 어린이 등의 형태로 구분하는 게 범주화의 전형적인 사례다. 이런 범주화는 지식 생산 과정에서 가장 자주 활용되는 방법 중 하나다. 앞서 제시했던 4가지 모방의 유형도 범주화를 통해 지식을 만들어낸 전형적인 사례다. 범주화는 공통점을 추출해서 구분해주기 때문에 복잡한 현상들을 일목요연하게 정리해준다. 그리고 이해도를 높이는 데 크게 기여할 뿐만 아니라 인간에게 심리적으로 편안함을 안겨준다.

인간은 특정 대상을 어떤 범주에 포함시키지 못할 때 불편함을 느낀다. 고향과 연령, 성별, 학력 등의 정보가 전혀 없는 낯선 사람을 만났을 때 보통 사람들은 정보 부족에 따른 불확실성이 유발하는 심리적 불안감을 느낀다. 하지만 대화가 진행되고 상대방에 대한 정보를 얻게 되면 범주화 활동이 곧바로 시작된다. 일단 범주화가 시작되면 적은 정보로도 상대방의 개성과 특징을 한정시키면서 상대를 이해하게 됐다고 생각한다.

예를 들어 한 중년 남성이 명문 대학을 나오고 강남에 거주한다면 대부분의 사람들은 그가 보수적인 성향에 부자일 것이란 판단을 하게 된다. 이런 범주화를 통해 사람들은 상대의 생각과 행동을 어느 정도 예측할 수 있을 것이라 믿으며 불확실성이 사라졌다고 느낀다. 범주화는 학문의 세계에 도움을 주는 것은 물론이고 실생활에서 심리적 안정감을 유발하는 등 적지 않은 도움을 준다.

하지만 빛이 있으면 그림자가 있듯 범주화는 인지적 오류를 유발한다는 단점이 있다. 범주화는 특히 고정관념과 연결된다. 범주화된 집단 내의 유사성은 과장되기 마련이고 고정관념과 맞지 않는 특징들은 뇌의 정보 처리 과정에서 장기 기억으로 저장되지 않는다. 즉, 범주화 과정에서는 여러 특징 가운데 가장 전형적인 특징만 부각되는 것이다.

명문대 출신의 강남에 사는 중년 남성이라도 얼마든지 좌파적 성향을 가질 수 있고 사업에서 실패해 어려운 형편에서 살아갈 수도 있다. 여성 가운데서도 남성적 특징을 가진 사람이 많고, 남성들 중에도 여성의 전형적 특징을 보유한 사람이 많다. 하지만 범주화를 추구하는 인간의 뇌는 이런 가능성을 자주 배제한다. 특히 인간은 우리 뇌에 저장된 범주로 세상을 이해하려 한다. 그래서 여러 범주가 섞여 있는 상황이나 현상을 보면 불편함을 느낀다.

이런 면에서 고정관념과 혁신은 상극을 이룬다. 예를 들어 보통 사람들은 운동복과 외출복을 전혀 다른 범주로 구분한다. 운동복은 운동할 때 입는 특수한 용도의 옷이라서 외출할 때 운동복을 입는 것은 매우 잘못된 행동이란 고정관념을 갖고 있다. 하지만 이렇듯 만들어진 틀 안에 갇혀 있어서는 어떤 창조적 혁신도 일어날 수 없다.

스포츠 패션 브랜드 EXR은 이런 고정관념을 과감하게 깨고 기존 범주와 전혀 관계없는 새로운 범주를 만들어내면서 혁신을 이뤘다. EXR은 활동하기 쉽고 편안한 운동복에 외출복의 요소를 모방해 패셔너블한 감각을 부여했다. 이 회사는 캐주얼과 스포츠웨어를 결합한 '캐포츠'라는 신조어를 만들었다. 이로 인해 고객들은 '외출복으로 입어도 아무 문제가 없는 운동복'도 존재한다는 새로운 범주를 갖게 됐다. EXR은 고정관념을 깨고 새로운 범주를 만들어내면서 불과 3년 만에 매출을 10배 이상으로 키워냈다.

범주화는 선 긋기와 비슷하다. 어떤 기준으로 선을 긋느냐에 따라 기존 범주가 강화되기도 하고, 새로운 범주가 형성되기도 한다. 인간의 비합리성을 이용하는 데 도가 튼 전문 마케터들은 범주화하려는 인간의 성향을 역으로 이용해 새로운 선을 그으며 상품 판매에 획기적인 장을 개척한다. 실제로 이런 사례는 수없이 많다.

과거 현대카드는 '열심히 일한 당신 떠나라'라는 카피로 광고를 내보냈다. 구글에 이 문장을 입력하면 29만 개 이상의 웹페이지가 검색될 정도로 유명한 광고가 되었다. 하지만 광고 카피의 유명세에도 불구하고 시장 점유율 변화는 크게 나타나지 않았다. 광고만 뜨고 제품 판매는 늘지 않은 것이다. 이에 현대카드는 새로운 선 긋기로 돌파구를 모색했다. 이들은 시장을 똑똑한 카드와 그렇지 않은 카드로 새롭게 구분하며 범주화했다. 이후에는 고객들의 다양한 욕구를 체계적으로 만족시키는 똑똑한 카드의 이미지를 주입시키기 위해 사용 빈도에 따라 종류를 구분한 알파벳 카드를 도입하면서 소비자에게 새로운 카드 선택의 범주를 만들어냈다. 이와 같은 새로운 선 긋기는 과거 7위권 업체였던 현대카드를 3위권 업체로 도약시켰다.

만년 2등의 설움에서 벗어나지 못했던 맥주업계 하이트를 새롭게 도약하게 만든 것도 시장을 새로운 기준으로 구분하는 선 긋기 덕분이었다. 하이트는 "세상에는 깨끗한 물로 만든 맥주와 그렇지 않은 맥주가 있다"라는 이분법을 만들고 소비자들이 하이트를 새로운 범주 안에 포함시키도록 자원을 집중 투자했다.

스티브 잡스도 과거 IBM의 PC 발매일에 맞춰 월스트리트저널에 'Welcome IBM Seriously'라는 광고를 내보냈다. 그는 이를 통해 IBM의 업적을 칭찬하면서도 자신들은 차세대 기술로 도약하고 있음을 내비쳤다. 시장에 IBM과 애플의 대립 구도를 만드는 형태로 선 긋기를 시도한 셈이다.

렌터카 업계였던 에이비스는 실제 시장점유율 기준으로 보면 3~4위권이었지만 '에이비스 렌터카는 업체 2등입니다…그래서 열심히 일하고 있습니다'라는 광고를 내보내면서 나중에는 진짜 2위 업체로 올라섰다. 이 회사는 고객들의 인식에 '자만하는 1등'과 '열심히 노력하는 2등'간의 경쟁이라는 새로운 형태의 범주를 만들었

새로운 범주화로 역전을 꾀한 애플(왼쪽)과 Avis의 광고 문구(오른쪽)

다. 이처럼 범주화를 통해 정보를 파악하는 심리를 역이용하는 마케팅은 매우 큰 잠재력을 갖고 있다.

이런 관점에서 본다면 혁신은 기존 범주에 대한 끝없는 도전이다. 새로운 범주를 만들어내 설득력 있게 전파하는 데 성공한다면 인간의 범주화는 기업에 축복이 될 수도 있다. 새로운 범주를 받아들인 소비자들은 여러 특징들 가운데 새 범주를 만든 기업에 유리한 고정관념만 수용할 것이기 때문이다.

물론 기존 범주와 고정관념에 안주하려는 보수적인 태도는 혁신을 방해하는 가장 큰 장애물이다. 특히 불확실성을 회피하려는 성향이 강할수록 기존 범주에 더 집착하게 된다.

한국인과 일본인은 유독 혈액형에 관심이 많다. 가령 "A형은 소심하다"든지 "B형은 괴팍하다"는 등 혈액형과 성격을 연결짓는다. 전문가들의 시각은 혈액형과 성격의 연관성에 대해 회의적인데도 한국과 일본에서 유독 혈액형에 대한 관심이 많은 것이다. 이는 한국과 일본이 불확실성을 회피하려는 성향이 높은 문화권에 속해 있기 때문이라는 분석이다. 창조형 모방에 성공하려면 기존 범주의 틀에서 안주해서는 안 된다. 과감하게 기존 범주를 대체하는 새로운 범주를 만들려는 적극적이고 의식적인 노력이 필요하다.

04

전문가도 오류에 빠진다

일관성과 확증 편향

1970년대 초 스탠퍼드대 심리학과 교수인 데이비드 로젠한이 실시한 '정신병원에서 제정신으로 지내기' 실험은 연극으로 만들어졌을 정도로 유명하다. 로젠한은 멀쩡하게 살아가던 친구들을 모아 정신과 의사들이 환자를 제대로 진단하고 있는지 확인해보자고 제안했다.

로젠한과 그의 친구 8명은 며칠 동안 세수와 면도를 하지 않은 후 각자 다른 정신과에 찾아가 '쿵 하는 소리가 들린다'며 이명 현상(외부의 소리 자극이 없는데 소리가 들리는 현상)을 경험했다는 이야기를 했다. 이름과 직업 외에는 묻는 질문에 정직하게 답했고, 상담 말미에 이명 현상이 사라졌다고 말했다.

8명에 대한 진단 결과는 어땠을까. 7명이 정신질환 판정을 받았고 나머지 1명은 심각한 우울증이라는 판정을 받았다. 모두가 입원해야 했고 길게는 두 달 동안이나 병원에서 지낸 사람도 있었다. 입원한 이후에 한 행동들은 얼마든지 정상적으로 볼 수 있는 것들도 비정상적인 것으로 여겨졌다. 처방받은 약이 무엇인지 기록하자 한 간호사는 '기록 행위에 집착함'이라고 적었다. 심지어 심심해서 복도를 다닌 것도 불안 증상으로 여겨졌다.

실험 결과는 저명한 과학 잡지에 실렸고 정신과 전문의들은 발끈했다. 한 정신과 병원은 로젠한이 석 달 동안 정상인 사람을 응급실로 보내면 정확히 몇 명이 정상인인지 맞출 수 있다고 주장했다. 로젠한은 한 명 이상을 보내겠다고 약속했다. 나중에 이 병원은 가짜 환자 41명을 찾았다고 발표했다. 하지만 로젠한은 실제로 한 명도 보내지 않았다.[27]

로젠한 교수의 실험은 한 분야에 도통한 전문가들이라 해도 '확증 편향confirmation bias'을 피해갈 수 없다는 사실을 극적으로 보여준다. 사람은 보고 싶은 것만 보고, 믿고 싶은 것만 믿으려는 경향이 있다. 어느 한쪽이 옳다거나, 특정 대상에 대해 어떤 생각을 갖게 되면 이에 부합하거나, 이를 뒷받침하는 정보만 의식적으로 받아들인다.

정신과 의사들은 이명 현상을 경험했다고 밀하는 지저분한 모습의 환자와 대면하자마자 정신질환 환자와 만났다는 확신을 가졌다. 이들은 이후 인터뷰 과정에서 정상인으로 볼 만한 수많은 정보들이 제시됐는데도(실험자들이 이름과 직업 이외에 모두 진실을 말했기 때문) 이런 정보들은 모두 의식적, 무의식적으로 폐기하고, 대신 정신질환과 관련이 있을 것으로 추정되는 정보만 받아들였다. 로젠한과 친구들이 정상인이라는 사실을 발견한 사람은 오히려 정신병원에 입원한 환자들이었다고 한다. 환자들은 선입견이 없이 그들을 바라봤기 때문에 로젠한과 친구들이 정신병원의 실태를 취재하기 위해 온 기자나 경찰일 것이라고 추론했다.

한 번 갖게 된 생각을 유지하려는 확증 편향은 확실한 장점이 있다. 무엇보다 사람들에게 편안함을 준다. 인간은 인지부조화를 싫어한다. 예를 들어 두 개의 정당이 각각 제시한 100개의 공약 가운데 자신이 몇 개나 동의하는지 정확히 파악한 후 지지 정당을 결정하는 사람은 거의 없다. 굵직한 사안 몇 개에 대한 각 당의 입장을 토대로 지지 정당을 경정하고, 이후 그 정당이 내놓는 대부분의 정책에 심정적 지원을 표한다.

미국 에모리대 심리학자들의 실험 결과, 민주당원들은 공화당 후보의 모순된 연설을 들었을 때에는 모순 정도가 매우 높다는 평가를 한 반면, 같은 민주당 후보의 모순된 주장에 대해서는 매우 관대하게 평가했다. 물론 공화당원들에게 실험을 한 경우에도 마찬가지였다.[28] 이는 자신의 선호 대상에 대한 찬반의 정서가 혼재돼 있는 인지부조화 상황을 싫어하는 인간 본성 때문이다. 따라서 인간의 뇌는 인지부조화 현상을 막기 위해 자신의 기존 믿음을 더 강화시켜주는 정보만 의식적으로 받아들이려 한다.

물건을 사기 전까지는 특정 브랜드에 대해 높은 충성도를 보이지 않지만 일단 구매 후에는 자신의 구매를 정당화하기 위해 친구들에게 해당 브랜드의 장점을 자랑하는 것도 이런 이유에서다. 일관성을 유지하는 과정에서 인간은 심리적으로 편안함을 느낀다. 하지만 이렇게 얻는 편안함과 안정감은 대가를 요구한다.

예를 들어 제조 공정에서 사용되는 특정 물질이 코팅재로서 매우 좋은 효과를 갖고 있는데 물에 노출됐을 때 유해 물질을 만들어내는 치명적 약점이 있다고 하자. 이런 상황에 직면한 연구자들은 대부분 '물＝유해한 물질을 만드는 원인'으로 생각하게 된다. 당연히 해결책은 유해한 작용을 하는 물과의 접촉을 차단하는 쪽으로 찾게 된다. 여러 해결책을 찾으면서 이런 생각은 더욱 강화되며 물과의 접촉을 없애는 데 골몰하게 된다.

하지만 이런 방향으로 아무리 새로운 해결책을 찾아도 완벽한 방법을 도출하기는 힘들다. 물과의 접촉을 차단하는 어떤 조치를 취하더라도 시간이 지나거나, 외부의 온도나 압력으로 인해 언젠가는 물에 노출될 수 있기 때문이다. 해결책을 찾는 과정에서 강화됐던 물에 대한 '적개심'을 버리면 의외로 쉽게 해결책을 발견할 수 있다. 코팅재를 사전에 물에 노출시켜 유해 물질을 미리 추출해버리면 된다.[29] 확증 편향으로 강화됐던 선입견에서 탈피하지 못하면 절대로 찾을 수 없는 해결책이다.

어느 업종과 산업을 막론하고 해당 분야에서 공통적으로 받아들여지는 기본 상식과 가정들이 있다. 창조와 혁신에 성공하려면 이런 기본 상식과 가정에서 벗어나야 한다. 그러나 사람들은 한 번 옳다고 생각하면 그 믿음을 잘 바꾸려 하지 않는다. 믿음에 반하는 정보나 정황이 나와도 이를 의도적으로 배제하는 확증 편향이 사태를 악화시킨다.

예를 들어 진공청소기를 만드는 업계를 생각해보자. 과거 모든 진공청소기는 길이가 긴 봉과 먼지봉투를 갖고 있었다. 이는 업계의 상식처럼 여겨졌다. 긴 봉을 단 이유는 허리를 펴고 청소하기 편리하기 때문이다. 먼지봉투를 만든 이유는 흡입된 먼지를 쉽고 저렴한 방법으로 추출하기 위해서다. 모든 회사들은 유사한 모양의 제품을 출시하면서 흡입력의 세기나 가격, 디자인 등을 놓고 경쟁하고 있었다. 이런 기본 가정에 의문을 제기한 회사는 거의 없었다. 회사 경영진과 직원 모두 청소기의 구조와 모양 등에 대한 기존 관행을 강화해갔을 뿐이다.

혁신적인 생활용품을 개발하기로 유명한 다이슨은 달랐다. 봉이 긴 청소기는 청소할 때에는 편리하다. 하지만 청소기는 청소하는 시간보다 훨씬 많은 시간을 보관하는 데 보내야 한다. 때문에 이 길다란 봉이 무척 거추장스럽고 공간도 많이 잡아먹는다. 또 먼지봉투를 사용하면 먼지를 아무리 자주 제거하더라도 미세 먼지가 봉투 사이에 달라붙기 때문에 청소기의 흡입력은 시간이 지날수록 떨어질 수밖에 없다.

다이슨은 이에 대한 문제의식을 갖고 두 가지 문제에 정면 도전했다. 그리고 청소기 산업과 전혀 상관없는 분야에서 성공적인 해결 아이디어를 찾아냈다.

청소 봉 문제는 해결책을 쉽게 찾을 수 있었다. 청소할 때에는 길이가 긴 게 편리함을 주고, 보관할 때에는 길이가 짧은 게 좋다. 즉, 길이가 늘어났다 줄었다 하는 제품을 찾으면 된다. 망원경, 안테나 등이 이런 특징을 갖고 있었다. 실제 다이슨은 망원경의 원리를 응용해 청소봉의 길이를 자유자재로 조절할 수 있도록 만들었다. 그러자 수납 편의성이 놀랍게 향상됐다.

먼지봉투 문제 역시 다른 분야에서 해결했다. 농기계를 제조할 때 표면에 에폭시 가루를 뿌리는 작업을 진행하는데, 이 과정에서 상당수 에폭시 가루가 빗겨나갔다. 때문에 일부 제조업체들은 원뿔형 구조물을 만들어 가루가 섞인 공기를 회전시켜 가루만 원뿔 아래쪽에 모으는 기술을 사용하고 있었다. 다이슨 창업자는 우연히 제재소에 갔다가 이 장치를 보고 그 구조를 모방해 먼지봉투 없는 진공청소기를 개발했다.[30]

만약 다이슨이 업계의 통념이나 기본 가정 등을 강화시키는 확증 편향에 매몰돼 있었다면 진공청소기의 문제점을 해결하지 못했을 것이다. 일관성을 지향하는 확증 편향은 심리적 안정감을 주는 대신 선입견이나 통념, 가정에서 벗어나지 못하게 해 창조와 혁신의 강력한 걸림돌로 작용하기 때문이다.

성공의 덫

모든 사람들은 성공을 바란다. 조직도 마찬가지다. 하지만 성공한 사람일수록 실패 때문이 아니라 성공 때문에 몰락한다. 성공을 거두는 체험은 짜릿하고 강렬하다. 중독성도 강하다. 하지만 문제는 이전과 똑같은 환경이 계속 유지되지 않는다는 점이다.

환경이 달라지면 성공 방정식도 달라져야 한다. 하지만 성공에 취한 개인이나 기업은 과거의 성공 방식을 그대로 고수하면서 성공의 덫에 빠진다. 성공의 덫에 빠진 개인이나 기업은 실적이 나빠지면 이를 개선하기 위해 열심히 노력하지만 결국 그 노력은 더 빨리 망하는 길로 인도하게 된다.

GM이나 코닥 같이 정말 열심히 일하는 기업이 망하는 메커니즘은 성공의 덫과 관련이 있다. GM은 규모의 경제와 관련해서 세계 최고의 경쟁력을 갖고 있었다. 그들은 도요타같은 기업을 몇 개 살 수 있는 규모의 막대한 자금을 공장자동화에 투자했다. 하지만 고유가로 연비 좋은 차에 대한 선호도가 높아졌고 독일과 일본, 한국의 자동차 회사들이 합리적 가격에 고품질 차량을 선보이면서 GM의 투자는 별 의미가 없어졌다.

코닥도 마찬가지다. 과거 필름카메라 기술의 경쟁력을 무의미하게 만드는 디지털 카메라 기술이 빠르게 보급되면서 기업의 기존 핵심 역량이 오히려 생존에 걸림돌이 되는 역량으로 돌변했다.

우수한 인재와 막대한 자원을 가진 거대 기업들이 새로운 환경 변화에 적응하지 못하는 이유는 성공의 덫과 관련이 있다. 성공의 덫에 취한 기존 조직 관리자와 개인들은 세상이 변하고 있다는 정보가 들어와도 과거의 성공 방정식에서 벗어나는 어떤 제안도 받아들이지 않음으로써 변화를 꾀하지 못한다.

생리학적으로 성공은 뇌 속의 신경전달 물질인 세로토닌을 과다 분비시킨다. 세로토닌이 부족하면 우울증에 빠지지만 세로토닌이 일정 수준을 넘어서 과도하게 분비되면 세상을 스스로 통제할 수 있다는 망상에 빠진다고 한다. 조직도 마찬가지다.

노키아를 보자. 이 회사는 운영관리 분야를 연구하는 학자나 실무자들에게 '우상'과도 같은 존재였다. 이들은 하나의 플랫폼으로 100여 개 이상의 서로 다른 휴대전화 모델을 만들어내는 플랫폼 생산과 대량 구매로 누구도 따라올 수 없는 원가 구조를 갖췄다. 오랜 기간 동안 노키아는 휴대전화 시장에서 부동의 1위였다. 그것도 2위와의 격차가 매우 큰 막강한 1위였다. 과거와 같은 환경이 계속 유지됐다면 노키아는 아무 문제가 없었다.

하지만 시장은 갑자기 스마트폰 중심으로 재구성되기 시작했다.

노키아는 뒤늦게 위기를 깨닫고 CEO를 교체하고, 자체 개발한 휴대전화 OS인 심비안을 버리며 마이크로소프트와 합작하는 등 안간힘을 쓰고 있다. 하지만 노키아의 미래를 희망적으로 보는 사람은 많지 않다.

노키아의 발목을 잡은 것은 노키아의 약점이 아니라 강점이었다. 노키아는 원가 절감에서 최고의 역량을 가졌다. 이런 핵심 역량으로 세계 최고의 휴대전화 업체로 성장했지만 이런 핵심 역량과 반하는, 혹은 핵심 역량을 훼손할 수 있다고 우려되는 분야에 대한 투자를 경영진들은 반기지 않았다.

실제 노키아의 연구팀은 2004년경에 손가락으로 화면을 건드려 명령을 전달하는 터치스크린 방식의 스마트폰 시제품을 경영진에게 선보였다. 아이폰이 나오기 훨씬 이전에 기술 주도권을 잡을 수 있는 제안이었지만 경영진은 연구팀의 제안을 거부했다. 이유는 휴대전화 가격이 너무 비싸진다는 이유에서였다. 세계 최고 업체로 성장하면서 과도한 수준의 세로토닌이 분비됐을 노키아 임원진들의 뇌 구조를 감안하면 충분히 이해할 수 있는 대목이다. 또한 노키아 경영진은 애플의 앱스토어와 같은 온라인 애플리케이션 장터를 만들자는 제안이나, 모바일 운영체제 심비안을 개선하자는 수많은 제안도 단호하게 거부했다.[31]

이러한 결정들은 모두 기존 성공 방정식에 익숙해진 탓이다. 이런 점에서 기업 성장의 원천으로 여겨졌던 '핵심 경쟁력core competence'은 환경 변화가 극심한 상황에서는 오히려 기업의 성장을 가로막는

'핵심 경직성core rigidity'이 될 수 있음을 알 수 있다.[32] 핵심 경쟁력과 핵심 경직성의 관계는 동전의 양면과도 같다. 그러니 어렵게 자본과 인력을 투자해 핵심 경쟁력을 갖췄다고 해서 좋아할 일이 아니다. 일단 성공의 덫에 빠진 사람이 다른 분야의 성공 요인을 자신의 분야로 이식하는 창조형 모방을 수행하는 것은 불가능에 가깝다. 기존 성공 방정식에서 벗어나려 하지 않기 때문이다.

LG전자가 위기에 빠진 것도 성공 때문이었다. LG전자는 한때 초콜릿폰, 샤인폰, 프라다폰으로 이어지는 파격적 디자인의 휴대전화로 돌풍을 일으켰다. 하지만 이 과정을 통해 축적한 핵심 경쟁력은 시장의 패러다임이 스마트폰 중심으로 급변하자 핵심 경직성으로 돌변했다. 경영진은 과거 성공 방식이었던 디자인에 대한 집착을 놓지 않았고, 상황은 점점 나빠져 결국 실적 악화에 따른 경영진 교체가 이어졌다.

기존 성공 방정식에 얽매여 있는 한 혁신은 불가능하다. 환경 변화가 극심해진 21세기에는 성공한 순간도 가장 위험한 순간이 될 수 있음을 잊지 말아야 한다.

한계를 극복하려면

창조형 모방을 방해하는 인지적 한계에서 벗어나려면 우리가 인지적 한계를 갖고 있다는 사실을 인정하는 것이 가장 먼저다. 우리는 전통 주류 경제학의 가정대로 합리적 의사결정을 하기도 하지만, 현실에서 이는 매우 드문 현상이다.

우리는 어떤 사물이 특정 기능을 수행한다고 생각하면 이 생각을 고착화하여 다른 기능으로 쓰일 가능성을 원천적으로 차단하고, 단편적인 정보 한두 가지를 근거로 우리 뇌 속에 고착된 범주에 근거해 판단을 내리며, 우리가 보고 싶은 것만 보고, 듣고 싶은 것만 듣는다. 그리고 특히 성공을 경험했을 때 인지적 한계가 더 커진다. 이런 사실을 인정하는 것이 이로 인한 부작용을 막는 출발점이다. 그렇다면 앞서 설명한 창조형 모방의 걸림돌들을 구체적으로 어떻게 해결할 것인지 나열해보겠다.

먼저 '기능적 고착'에서 벗어나려면, 의식적으로 관련 없는 것들을 연결지어보는 사고 훈련과 연습이 중요하다. 책에서 좋은 내용을

전혀 관련 없는 것의 연관짓기로 태어난 반포대교 낙하 분수

읽거나 텔레비전에서 특정 내용을 봤을 때 이를 그대로 흘려보내지 않고 자신의 업무와 연결해보면 창조가 이뤄진다. 혁신가들의 가장 큰 특징 가운데 하나가 관련이 전혀 없는 것을 연관 짓는associating 능력이라고 하니 이 훈련이 얼마나 중요한지 알 수 있다.

스티브 잡스는 사과 농장을 지나가다 우연히 애플이란 회사 이름을 떠올렸다고 한다. 그리고 서울시 공무원 윤석빈 씨는 더운 여름날 잠수교를 지나가다가 다리와 전혀 상관없는 폭포를 연상하게 됐다. 그는 "폭포가 반포대교 위에서 떨어지면 얼마나 멋있을까" 상상하다가 낙하 분수 아이디어를 냈다.[33]

사람들은 휴식을 취하고 즐거움을 얻기 위해 텔레비전 예능프로그램을 본다. 하지만 이곳에서도 위대한 아이디어를 얼마든지 찾을 수 있다. 광고인으로 높은 입찰 성공률을 기록한 아이디어컴퍼니프로그 김성철 대표의 사례는 연관 짓기의 위력을 보여준다.

그는 예능프로그램 ‘무릎팍도사’를 보다가 출연한 연예인이 썰렁한 말을 했을 때 눈보라가 치는 장면 등 프로그램과 아무 관련이 없는 영상을 보여주는 것에 흥미를 느꼈다. 신기하게도 방송 내용과 전혀 관련 없는 장면이 잠깐 지나가자 다음 화면에 자신이 훨씬 더 집중하고 있음을 발견했다. 그리고 그는 이 방식을 30초짜리 광고 영상에 활용하자고 제안했다.

물론 실무자들은 반대했다. 40분 이상의 긴 프로그램에서는 주의를 환기시키는 효과가 있을지 몰라도 30초짜리 광고에서는 이를 적용하는 게 바람직하지 않다는 의견이 대세였다. 하지만 그는 광고 영상의 홍수 시대에 아무리 짧은 광고라도 이런 기법으로 소비자들의 집중력을 현저히 높일 수 있다고 주장하며 밀어붙였다. 결국 그의 뚝심으로 현대카드 · 현대캐피탈의 광고가 제작됐다.

광고 메시지를 전달하다 중간에 핵폭발 장면이나 여성 속옷이 빨랫줄에 걸려 바람에 날리는 모습, 과거의 흑백 영상 등을 집어넣자 곧바로 반응이 오기 시작했다. 집중력이 높아지는 효과와 더불어 비싼 모델을 사용하지 않기 때문에 제작비도 크게 절감했다.

주위에서 흔히 지나치는 수많은 요소들을 고민하고 있는 문제에 과감하게 접목하는 의지와 경험이 혁신을 이룰 수 있게 한 것이다. 전혀 관련 없는 것을 연관 짓는 것은 창조형 모방의 핵심 활동이다. 특정 기능에 고착화돼 있다면 관련 없는 것의 연관 짓기는 불가능하다.

다음으로 ‘범주화’를 극복하기 위해서는 우리가 당연하다고 생각하는 기존 범주가 과연 타당한지 돌이켜보고 의도적으로 기존 범주를 뒤흔드는 노력이 필요하다. 생일이나 기념일 하면 가장 먼저 무엇이 떠오르는가? 케이크 혹은 꽃바구니다. 우리의 사고 범주가 이렇게 규정되어 있기 때문에 우리는 기념일 선물을 살 때 아무 의심 없이 꽃집으로 향한다. 또 우리의 기존 범주에는 꽃바구니에는 꽃이, 과일 바구니에는 과일이 담겨 있다. 만약 꽃바구니에 꽃 말고 다른 게 담기면 어떤 일이 생길까. 수산물 유통업을 하던 김분순 사장은 '그러고 보니 축하할 일이 생기면 미역국을 먹지 않던가…' 하는 생각 끝에 과감하게 기존 범주에서 탈피했다. 미역을 바구니에 담을 생각을 하고 실천에 옮긴 것이다. 출산일이나 생일에 먹는 미역을 꽃바구니에 담은 '미역바구니'는 많은 단골 고객을 창출해 냈다.[34]

일관성을 지향하는 '확증 편향'에서 벗어나기 위해서는 자신의 판단이 틀릴 수 있음을 인식하는 것이 첫 번째 할일이다. 그 이후로는 의식적으로 자신의 판단과 반대되는 증거를 수집하고 분석해야 한다. 구체적으로 제3자의 의견을 듣거나, 다른 산업에서 어떤 전략적 움직임이 일어나고 있는지 관찰하는 방법을 사용할 수 있다. 다양한 정보나 지식, 트렌드가 자신의 기존 신념 체계에 직간접적으로 영향을 끼칠 수 있도록 개방적인 태도를 보여야 한다.

금고를 예로 들자면, 금고는 대표적인 기능성 상품에 속한다. 때문에 지금까지는 두꺼운 철재를 사용하고 열쇠를 더 정교하게 만들어 외부의 침입 시도를 좌절하도록 만들거나, 화재가 발생했을 때에도 내용물을 안전하게 보관하는 게 금고의 핵심 과제로 여겨졌다. 당연히 금고업계 종사자들은 이런 신념을 더욱 강화시키는 데 집중했다.

자동차나 가전 등 과거에는 기능을 중시했던 분야에 디자인 경영의 바람이 불었지만 금고업계 관계자들은 전통적인 신념에 부합하는 내용만 받아들였다. 하지만 선일금고는 달랐다. 그들은 '디자인 금고'라는 개념으로 '루셀'이란 브랜드를 출시해 시장에 새로운 바람을 일으켰다. 기능성이 강조되던 시절의 금고는, 가급적 보이지 않는 곳에 숨겨두고 묵묵히 보안과 내화 기능을 수행하는 게 최고의 가치였다.

하지만 루셀은 '금고도 가구다'라는 생각으로 다른 업계에서 이미 활발하게 적용하고 있는 디자인 경영을 금고에 접목했다. 선일금고에서 만든 금고는 다른 가구와 함께 인테리어 소품처럼 잘 어울렸고, 여성들의 개인적인 소품이나 다이어리 보관 등 용도를 확장하여 활용되고 있다. 고객에게 새로운 가치를 창출했을 뿐만 아니라 패션 금고라는 새로운 시장도 개척한 것이다.

마지막으로 '성공의 덫'에서 벗어나고 싶다면 어떻게 해야 할까? 가장 좋은 방법은 냉철한 이성을 잃지 않는 태도다. 사실 현실 세계에서는 인과관계가 매우 복잡하기 때문에 개인이나 기업의 성공에 대한 특정 주체의 기여 비중을 정확히 파악하기가 거의 불가능하다.

특히 대부분의 성공에는 운運과 같은 요소와 타인 혹은 사회적 지원의 비중이 훨씬 큰 사례가 많다. 성공의 덫에 빠진 사람들은 자신의 아이디어와 전략이 성공에 결정적으로 기여했다고 생각하지만, 실제로는 그렇지 않은 경우가 더 많다. 자신감을 잃어서는 안 되지만 자만심을 가져서도 안 된다는 소리다.

또한 성공을 거둔 후에 성공 공식을 명확히 할수록 성공의 덫에 빠질 위험 역시 강해진다. 그러므로 항상 초심을 잃지 않고 겸허한 자세를 유지하도록 노력해야 할 것이다.

the
Power of
Creative
Iimitation

창조형
모방으로 가는 길

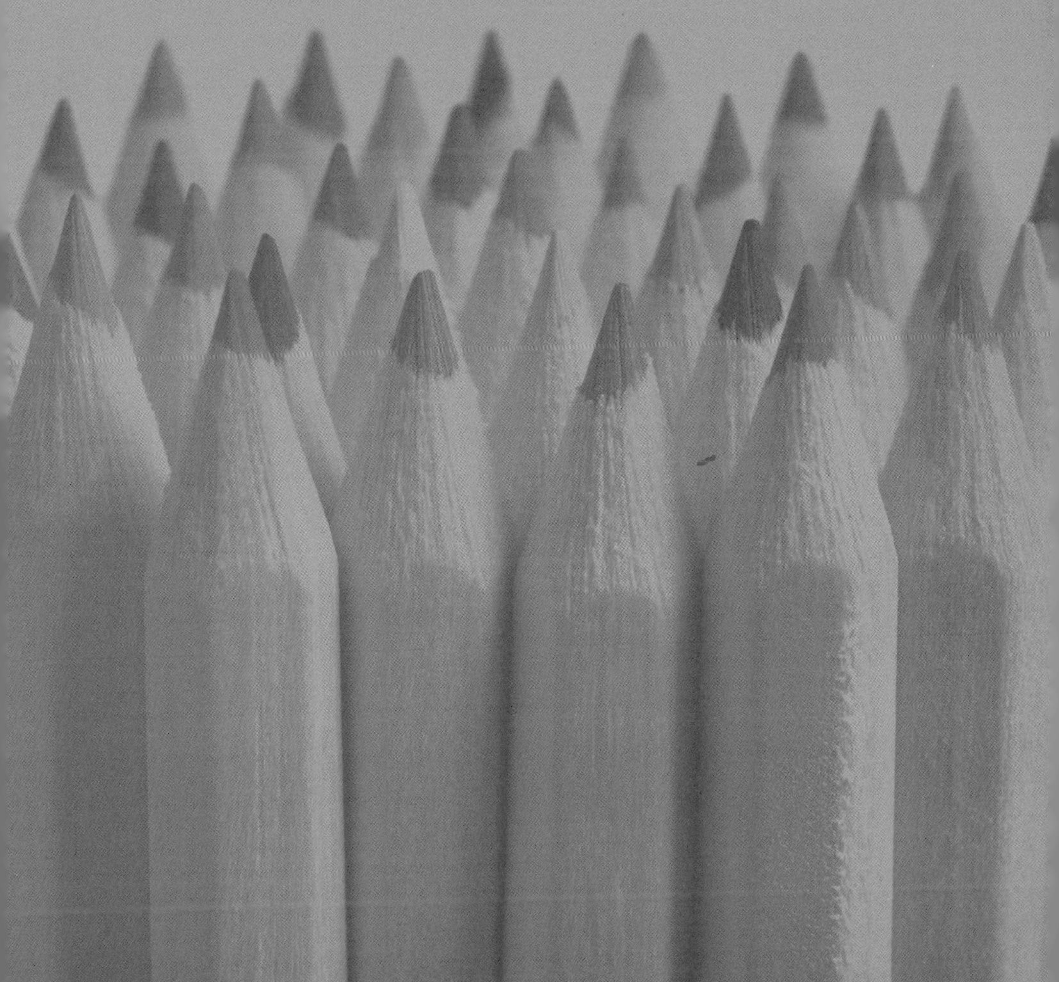

01 문제의식 갖기

창조형 모방의 출발점

거대한 규모로 성장한 기업들은 그 위용 역시 대단하다. 이런 기업을 바라보면서 대부분의 사람들은 기업을 창업할 때부터 원대한 포부와 기업가 정신으로 충만한 창업자가 기가 막힐 만큼 치밀한 사업계획서를 작성해 역사적 첫 발을 내디뎠을 것이라고 생각한다. 하지만 실제 사례를 보면 의외로 너무나 사소한 계기가 거대 기업의 출발점이 된 경우가 많다.

미국 온라인 쇼핑몰사이트 이베이 창업자 피에르 오미디어는 식사 자리에서 애인이 던진 불평 한마디를 듣고 창업을 결심했다. 그의 애인은 페즈Pez라고 불리는 캔디통을 모으는 특별한 취미를 갖고 있었다. 온라인 거래가 흔치 않았던 시절이어서 페즈를 모으기가 쉽지 않았던 그녀는 오미디어와의 식사 도중 페즈를 구매하기가 너무 어렵다고 불평했다. 보통 사람이라면 별 생각 없이 지나쳤겠지만 오미디어는 달랐다. 그는 그의 애인이 직면한 문제를 다른 사람들도 느끼고 있을 것이라 보고 이를 해결할 아이디어를 고민했다.

답은 어렵지 않게 찾아낼 수 있었다. 오미디어는 전부터 온라인 사업에 꾸준한 관심을 갖고 있었고, 오프라인에서는 이미 각자 필요 없는 물건을 필요한 사람에게 판매하는 벼룩시장이 활성화돼 있었다. 이를 온라인에 접목시키면 지역적 한계를 뛰어넘어 훨씬 많은 사람들이 참여할 수 있겠다는 생각이 들었다. 온라인 벼룩시장이 생기면 문제가 쉽게 해결될 것이었다. 이 아이디어는 결국 세계 최대 C2C Customer-to-Customer, 즉 개인과 개인 간의 판매를 연결시키는 사이트인 이베이 창업으로 이어졌다.

미국 비디오 대여 시장을 평정한 넷플릭스도 마찬가지다. 넷플릭스 창업자 리드 헤이스팅스는 그저 평범한 다른 사람과 마찬가지로 비디오 대여점 '블록버스터'에서 DVD를 빌렸다. 하지만 빌린 DVD가 생각보다 재미가 없어 조금 보다가 구석에 처박아 두었다. 반납할까 했지만 귀찮아서 나중에 하기로 했다. 대부분 같은 경험을 했겠지만 이럴 때일수록 시간은 쏜살같이 지나간다. 헤이스팅스도 6주나 지난 후에야 자신이 비디오를 반납하지 않았다는 사실을 깨달았다. 이미 때는 늦었고 연체료는 무려 5만 원 수준으로 불어나 있었다.

헤이스팅스는 자신이 잘못했다고 자책하지 않았다. 대신 비디오 대여 제도가 문제가 있다는 생각을 했다. "왜 비디오 대여점은 연체료를 받아야 할까. 헬스클럽처럼 월정액 사용료를 내고 내 마음대로 가고 싶을 때 가고, 가기 싫을 때 가지 않는 방법은 없을까?" 이런 그의 문제의식은 창업 아이디어로 연결됐다.

그가 창업한 넷플릭스는 월별로 최대 대여가 가능한 비디오 숫자에 따라 5달러에서 50달러 수준까지 가격을 미리 정해놓고, 고객들이 그 범위 안에서 마음껏 비디오를 빌릴 수 있도록 했다. 비디오를 여러 개 보고 싶은 사람은 이전 비디오를 빨리 반납하고 새 비디오를 빌리면 된다. 빌린 비디오를 계속 갖고 있어도 아무런 문제가 없다. 다만 다른 비디오를 못 빌려볼 뿐이다.

이 사업모델은 크게 성공했고 넷플릭스는 비디오 스트리밍처럼 기존 사업 모델을 갉아 먹을 수도 있는 자기 파괴적 혁신에 앞장서면서 인터넷 확산 등 급격한 환경 변화에도 승승장구하고 있다. 반면 헤이스팅스의 문제의식을 자극했던 기존 사업 모델을 고수한 블록버스터는 파산보호 신청을 했다. 넷플릭스는 비디오 대여업계의 후발주자였고, 한때 제휴를 맺자고 찾아온 헤이스팅스를 블록버스터가 문전박대했던 것을 생각하면 참으로 격세지감이 아닐 수 없다.

세계 최고 호텔그룹 중 하나인 포시즌스의 이사도어 샤프 회장 창업 스토리 역시 사소한 경험에서 시작된다. 원래 건설업에 종사했던 샤프는 호텔업에 별로 관심이 없었다. 그가 호텔에 관심을 갖게 된 것은 신혼여행 때 첫날밤을 보낸 호텔에서의 경험 때문이었다.

그는 토론토 근처의 한 호텔이 장사가 잘 된다는 이야기를 듣고 왜 그런지 궁금한 마음으로 그 호텔에 투숙했다. 그런데 기대와 달리 방은 작고, 청결 상태도 그다지 좋지 않았다. 게다가 소음도 심했다. 밤에 누군가가 침입한 것 같은 느낌이 들어 깜짝 놀라 잠에서 깼는데, 알고 봤더니 이 호텔은 하나의 화장실을 옆방과 공동으로 사용하고 있었다. 옆방 사람이 화장실을 사용하는 것을 침입자로 오해한 셈이다.

지금으로서는 상상하기 어려운 일이지만 50여 년 전 호텔은 이런 수준이었다. 당시 대부분의 평범한 사람들은 이런 수준의 호텔 서비스에도 큰 불만 없이 만족하며 살아갔다. 하지만 샤프는 달랐다. 그는 이 정도 서비스 수준으로도 돈을 잘 번다면, 이보다 더 좋은 호텔을 만드는 것은 전혀 어렵지 않다는 생각을 했다. 그리고 이후 묵었던 호텔의 모양과 디자인, 서비스 등을 계속 기록하며 호텔 경영자의 꿈을 키웠고, 결국 세계 최고의 호텔을 만들게 됐다.[35]

가장 창의적인 기업 중 하나로 꼽히는 다이슨도 문제의식 덕분에 창업에 성공한 사람이다. 다이슨을 창업한 제임스 다이슨은 직장 때문에 농촌 지역으로 이사를 하게 됐는데 짐을 옮기기 위해 외발 손수레를 이용해야 했다. 외발 손수레를 자유롭게 끌려면 높은 숙련도가 필요하다. 초보자들은 무거운 짐을 실었을 때 중심을 잡기 어려워했고, 무른 땅을 지나갈 때 푹푹 빠지기 때문에 짐을 운반하기 쉽지 않았다.

물론 수많은 사람들은 이런 불편함을 묵묵히 감내하고 외발 손수레를 사용하고 있었다. 하지만 다이슨은 달랐다. 그는 이러한 문제가 외발 수레의 핵심 구동장치인 바퀴가 너무 얇기 때문에 생겼다고 판단했고, 바퀴를 공 모양으로 바꾼 신제품을 만들었다. 이름은 '볼배로Ballbarrow'로 정했다. 이 수레의 가격은 일반 외발 손수레에 비해 훨씬 비쌌지만 출시 후 손수레 시장의 50%를 장악할 정도로 인기를 끌었다.[36] 그는 내친김에 이 제품을 팔 회사를 차렸고 이것이 다이슨의 모태가 됐다.

네 사람의 사례는 사소한 계기가 위대한 기업을 창업하게 된 원동력이 됐다는 공통점이 있다.

그렇다면 이베이는 페즈, 넷플릭스는 연체료 시스템, 포시즌스 호텔은 형편없는 호텔 서비스, 다이슨은 불편한 외발 자전거가 창업의 주역인 것일까? 그렇지 않다. 핵심은 창업자의 '문제의식'에 있었다. 만약 오미디어의 애인이 페즈 수집에 대한 불만을 토로하지 않았더라도, 설령 헤이스팅스가 비디오를 빨리 반납해 연체료를 내지 않았더라도 이들은 언젠가 위대한 기업을 만들었을 것이다. 분명 다른 계기를 통해 유사한 아이디어를 발견했을 것이기 때문이다. 이들이 갖고 있었던 문제의식은 어떤 형태로든 발현돼 새로운 가치 창출로 이어질 만큼 값어치 있는 것이었다.

문제의식의 파괴력

앞서 소개한 사례처럼 문제의식을 제대로 갖기만 해도 그 이후의 창조형 모방은 매우 쉽게 풀린다. 그래서 창조형 모방의 5단계 가운데 가장 중요한 것이 문제의식을 갖는 1단계다. 문제의식이 없다면 어떤 혁신도 원천적으로 불가능하기 때문이다.

떡볶이를 예로 들어보겠다. 떡볶이를 만들어 파는 사람은 수없이 많다. 하지만 문제의식을 가지는 사람은 소수다. 떡볶이를 팔던 중 문제를 발견한 한 사람은 바로 '아딸 떡볶이'의 이경수 사장이었다.

그는 "왜 아이들은 떡볶이를 좋아하는데 어른이 되면 떡볶이를 잘 먹지 않을까?"라는 문제의식을 느꼈다. 이처럼 타당하고 합리적인 문제의식을 가졌다면 혁신의 절반은 이뤄진 것이나 다름없다. 그는 고민 끝에 어릴 때에는 다소 지저분한 곳에서도 아무 생각 없이 음식을 잘 먹었는데 어른이 되면서 눈높이가 높아져 비위생적인 환경에서 파는 떡볶이를 찾지 않는다는 생각을 하게 됐다.

이런 고민은 창조형 모방의 2단계인 핵심 과제 선정으로 연결됐다. 그가 선정한 핵심 과제는 '깨끗하고 위생적인 떡볶이를 만드는 것'이었다. 여기까지 생각이 이어졌다면 모방의 3단계, 모방 대상 선정은 더 쉬워진다. 깨끗하고 정갈한 음식을 제공하는 외식업체, 최고의 서비스를 제공하는 호텔 등을 모방 대상으로 삼을 수 있다.

이어 4단계 가치 조합 과정에서 그는 모방 대상의 핵심 원리들을 탐구해 재료의 질을 높이고 정량화했으며, 판매원들에게 깨끗한 유니폼을 입히고 보다 좋은 서비스를 제공하기 시작했다. 이어 5단계 실행과정을 통해 이런 아이디어를 실천에 옮기자 예상했던 대로 어른들이 떡볶이를 사가기 시작했다. [37]

우리가 살고 있는 세상은 여러 가지 문제로 가득 차 있다. 완벽해 보이는 어떤 것이라도 문제를 갖고 있다. 또한 아무리 성공한 사람도 자기만의 과제를 안고 있으며 최고의 학자들도 해결하지 못한 문제와 씨름하고 있다. 직위가 올라갈수록, 더 큰 책임을 맡을수록 이전보다 더 큰 문제와 씨름하게 된다.

우리는 일상생활에서 수많은 문제들을 경험한다. 비즈니스의 역사는 이런 문제들을 해결해가는 과정이 쌓여 만들어졌다. 조금만 더 비판적인 시각으로 세상을 바라보면 누구나 수많은 문제들을 찾아 낼 수 있다.

역량이 아니라 태도가 문제다

기업의 창업 동기는 '돈을 벌겠다'는 재무적 목적이 가장 기초적이다. 하지만 이렇게 출발하면 혁신적 모델을 만들기가 쉽지 않다. 소비자들의 삶을 개선하는 아이디어를 짜내기보다는 돈이 될 것 같은 사업 모델이 무엇일지 고민하기 때문에 고객 가치에 대해서는 신경을 쓰지 않게 될 공산이 크다. 또 대체로 돈을 벌겠다는 목적으로 출발한 사업가들은 이미 세상에 존재하는 사업 방식과 유사한 사업을 벌이곤 한다.

따라서 이들의 노력은 대체로 '점진적 변화incremental change'를 가져오는 데 그치는 경우가 많다. 기존 시장에 없는 새로운 모델은 실패 위험이 커서 돈을 벌겠다는 본원적 목표를 달성하기 어렵기 때문에 큰 변화를 두려워하는 것이다.

반면, 문제의식에서 출발한 사업가는 다르다. 문제 해결을 위한 노력 자체가 목적이 된다. 그들은 자신이 발견한 문제를 해결하면서 만족감과 성취감을 얻는다. 특히 이들은 문제를 해결하겠다는 '열망aspiration'이 강하기 때문에 영역을 구분하지 않고 아이디어를 얻으려 애쓴다. 문제를 해결하고 싶다는 열망은 적극적인 탐색 노력으로 이어져 문제 해결에 실마리를 주는 새로운 지식이나 아이디어가 있다면 과감하고 새로운 시도도 마다하지 않는다. 고민하는 과정에서 이미 알고 있던 다른 분야의 지식, 다른 분야의 경험, 새롭게 알게 된 사실 등도 접목해본다.

기존 사업 모델로 수익을 극대화하고자 하는 재무적 동기를 가진 사업가들과 접근 방식에서 차이가 날 수밖에 없다. 이런 노력은 전혀 다른 분야의 문제 해결 원리를 접목하는 창조형 모방을 가능케 한다. 이는 '과감한 변화radical change'의 원동력이 된다.

혁신가와 일반인의 결정적 차이는 문제의식의 수준에서 시작된다. 혁신가는 어떤 불편함이나 문제를 경험하면 사소한 것이라도 자신의 것인 양 문제의식을 갖지만 일반인은 꾹 참고 넘어가거나 '내 탓'을 한다. 보통 사람이라면 희귀한 캔디통을 모으기 힘들다는 애인의 불평을 듣고도 "희귀한 물건을 모으는 이상한 취미를 가진 네가 잘못"이라며 타박을 했을 것이다. 깜빡하고 반납일을 어겼다면 비디오 연체료를 내봤던 수많은 사람들처럼 게을렀던 자신을 탓하고 만다. 형편없는 호텔 서비스도 그냥 그러려니 하고 참아낸다. 불편한 외발 수레를 힘들게 사용하면서도 운전 기술을 더 익히려고 노력할 것이다.

그러나 혁신가는 '남 탓'을 한다. 내가 잘못한 게 아니라 상품, 서비스, 제도, 시스템, 사업 모델, 디자인, 구조 등이 잘못됐기 때문에 문제가 생겼다고 판단하고 문제 원인을 탐색하며 대안을 모색한다.

문제의식은 '역량'과 관련 없는 '태도'의 문제다. 원만하고 무난한 태도는 사회생활에는 도움을 주지만 창의력에는 결정적 걸림돌이 된다. 우리는 하루에도 몇 번씩 수많은 문제들을 경험한다. 대부분은 이를 인식하지 못하거나 인식했더라도 자신의 잘못으로 치환해버린다. 하지만 반복적인 훈련과 의식적인 노력을 한다면 이런 태도를 쉽게 바꿀 수 있다. 불편함과 문제점을 발견하는 취미를 가져보자. 누구라도 혁신가로 다시 태어날 수 있다.

의식적인 노력으로 혁신에 성공한 대표적인 인물이 있다. 이 인물은 고졸 출신이었지만 금호타이어의 생산직 근로자로 첫 사회생활을 시작했다. 입사 후 인사부서 담당자들과 면담에서 그는 부장이 되겠다는 포부를 밝혔다. 인사부 사람들은 비웃었다. 당시에는 고졸 기능직으로 입사한 사람은 주임도 될 수 없는 구조였다. 회사 물정을 모르고 한 얘기였다. 하지만 이들의 비웃음은 그에게 결정적인 동기부여가 됐다.

"반드시 부장이 되겠다"는 꿈을 꾸게 된 그는 현장 배치 첫날 유일하게 양복을 입고 출근했다. 거울에 부착한 증명사진 밑에 '윤생진 부장'이라는 글자도 썼다. 그는 자신이 처한 한계 상황이 "항상 꿈을 크게 가져라" 하고 말했던 신부님의 말씀을 실천할 기회라고 판단했다. 결론부터 말하자면 부장까지 오르겠다는 그의 예상은 빗나갔다. 그는 부장이 아니라 전무까지 승진했기 때문이다. 윤생진 전前 금호그룹 전무의 이야기다.

그가 고졸 생산직 출신으로 유례를 찾기 힘든 성공 신화를 만들수 있었던 이유는 문제의식과 관련이 있다. 부장이 되겠다는 달성 불가능해 보이는 꿈을 실현하기 위해 돌파구가 필요했던 그는 어느 날 회사에 생산성 개선과 관련한 사내 제안을 하면 포상금도 주고, 상장도 주고, 국내외 연수까지 시켜준다는 공고를 보고 마음이 혹했다. 좋은 조건에 좋은 기회지만 이 제안에 참가하는 직원은 10%정도에 불과했다. 문제점을 찾는 게 그리 쉽지만은 않는 일이기 때문이다. 윤생진 전무 역시 체절적으로 문제를 잘 발견하는 스타일은 아니었다. 하지만 그는 이를 악물고 덤벼들었다.

생산성 개선에 대한 제안을 하기 위해서는 문제점을 찾아야 했다. 그래서 그는 눈에 불을 켜고 문제점을 찾았다. 문제점을 찾겠다는 시각으로 공장을 바라보니 공장 안은 온통 문제점투성이였다. 작업 과정에서 불량을 발생시키는 문제, 안전사고를 일으킬 수 있는 문제, 종업원들의 태만을 유발하는 요인 등 수없이 많은 문제들을 찾아낼 수 있었다.

물론 그에게도 위기는 있었다. 매년 제안왕을 독차지하면서 수없이 많은 제안을 하다 보니 어느 순간 더 이상 문제가 보이지 않았던 것이다. 너무 많은 문제와 개선 대안을 찾았기 때문에 새로운 문제를 찾기가 너무 힘들었다. 공장 내부를 아무리 둘리뵈도 제인거리를 하나도 찾지 못하는 일이 잦아졌다.

연 2,000건 제안을 하겠다는 어마어마한 목표를 세운 그였기에 속이 타들어갔다. 그러던 어느 날, 우연히 휴게실에서 음료수를 마시다가 그는 깜짝 놀라고 말았다. 매일 드나들었던 곳이지만 거기에 바로 자신의 문제를 해결해줄 '문제의 보고'를 발견했기 때문이다. 휴게실의 품질 분임조 현황판에 수없이 많은 문제가 나열돼 있었다.

다른 휴게실을 둘러봤더니 역시나 똑같은 보물이 있었다. 이후 그는 쉬는 날 출근해서 30여개에 달하는 공장 휴게실을 샅샅이 뒤지며 아이디어의 원천이 되는 문제점들을 수집했다.

윤생진 전무의 사례는 목표를 갖고 있다면 누구라도 문제의식을 키울 수 있다는 점을 잘 보여준다. 또 문제점을 찾기 어렵다면 우리가 일상적으로 접하는 다양한 기록과 저작물, 데이터 등을 새로운 관점에서 해석해봤을 때 문제를 제시해주는 보물창고를 발견할 수 있다는 점도 잘 보여준다. 선천적으로 문제점을 잘 발견하는 사람도 있다. 하지만 윤 전무처럼 목적의식을 갖고 의식적인 노력을 하면 타고나지 않아도 얼마든지 문제의식을 가질 수 있다.

절대 만족하지 말 것

우리는 일상생활, 혹은 업무를 처리하는 과정에서 다양한 불편함과 결핍을 경험한다. 그러다 그 불편함을 해소해주는 것들이 나타나면 이내 만족감을 느낀다. 하지만 이는 늘 상대적이다. 과거 연필과 볼펜으로 문서를 작성할 때에는 타자기가 업무 혁명을 가져왔다. 하지만 타자기도 적지 않은 불편함을 갖고 있었다. 한번 쓴 글자를 수정하기 어렵고 문단을 옮기기가 힘들었던 것이다.

이런 문제를 보완한 워드 프로세서가 출시되자, 타자기는 한순간에 역사의 뒤안길로 사라졌다. 문제는 완벽해보였던 워드 프로세서에도 고쳐야 할 점들이 발견된다는 것이었다. 워드 프로세서는 그림 파일을 첨부하거나 복잡한 도표를 그리기 어려웠고, 제작이 완료된

파일을 손쉽게 다른 곳으로 보낼 수가 없었다.

PC와 인터넷이 발전하면서 일반화된 워드 프로그램이 보급되자 이런 문제들은 일순간에 해결됐다. 물론 워드 프로세서 역시 과거의 타자기처럼 한순간에 시장에서 사라졌다. 그렇다고 PC의 워드 프로그램이 완벽한 해결책을 준 것은 아니다. 복잡한 업무를 처리할 때 파워포인트나 엑셀 등을 연계해 작업하는 것이 쉽지 않았다. 마이크로소프트는 오피스라는 통합 소프트웨어로 이 문제를 해결하며 세계 시장을 장악했다.

하지만 여기서 진화가 끝났다고 만족하기에는 이르다. 조금만 생각하면 여러 보완해야 할 것들이 떠오를 것이다. 클라우드 서비스로 PC에 문서를 저장할 필요 없이 언제 어디서나 볼 수 있게 한다거나, 자동 번역 시스템을 응용해 외국어 문서를 쉽게 작성할 수 있게 한다거나, 음성 명령으로 글을 입력한다거나, 숙련된 교열 전문가 수준의 교정 서비스를 제공하는 제품 등 앞으로 진화할 수 있는 분야는 무궁무진하다.

이 사례가 주는 교훈은 어떤 문제점이 해결된다고 해서 질대 만족해서는 안 된다는 점이다. 현재 상황을 뛰어넘는 혁신적인 제품이나 서비스가 나오고, 기막힌 개선 아이디어를 찾아냈다고 해서 문제의식 갖기를 중단해서는 안 된다. 만족감은 문제의식 형성을 가로막는 걸림돌 중 하나다. 현실에 안주하고 만족하는 순간 새로운 문제의식을 가진 다른 혁신가들이 완전히 새로운 상품을 내걸고 기존 제품이나 서비스 기반을 잠식할 수 있다.

락앤락은 성공적인 문제의식으로 혁신을 이룬 후에도 끊임없이 새로운 문제의식을 제시하고 이를 해결한 기업이다. 락앤락은 밀폐력을 완벽하게 보장하는 밀폐용기 '락앤락'을 출시해 급성장했다. 결정적인 문제가 해결된 것처럼 보였지만 락앤락은 여기에 만족하지 않고 새로운 문제의식을 이어갔다.

대부분의 밀폐용기는 플라스틱이어서 전자레인지에 넣을 수 없었고, 뜨거운 음식을 담았을 때 환경호르몬 배출에 대한 우려도 있었다. 이런 문제점을 느낀 락앤락은 용기 부분을 유리로 만든 '락앤락 글래스'를 출시했다. 이후에도 밀폐용기의 원리를 이용해 닫아두면 냄새가 나지 않는 쓰레기통을 만들거나, 바닥에 얼음을 얼리고 그 위에 식품을 보관해 야외 나들이를 할 때 쉽고 편하게 사용할 수 있는 제품을 만드는 등 끝없이 새로운 문제를 발견하고 해결책을 모색했다.

락앤락이 만약 한번의 성공에 안주하는 데 그쳤다면 저가 미투 제품의 등장으로 기존 제품의 차별성을 유지하기 힘들었을 것이고 지금과 같은 성장세를 이어갈 수는 없었을 것이다.

관찰의 힘

앞에서 소개한 넷플릭스, 포시즌스 호텔, 다이슨의 창업자들는 모두 자신이 직접 경험한 불편함, 불합리함, 결핍 등을 창업 아이디어로 연결시켰다는 공통점이 있다. 자신의 직접적인 경험은 간접 경험에 비해 훨씬 강렬한 인상을 주기 때문에 적극적인 행동을 유발할 수 있다는 장점이 있다. 그렇다면 모든 혁신은 자신에게 직접적인 영향을 준 '사건'이 있어야 하는 것일까. 그렇지 않다. 문제의식은 관찰이나 간접 경험을 통해서도 얼마든지 가질 수 있다.

휠체어 아이봇 사례가 이를 잘 보여준다. 발명가 딘 카멘은 어느 날 집 근처를 지나다가 휠체어를 보도 위로 끌어올리기 위해 애를 쓰는 노인을 바라봤다. 사실 이런 장면은 누구나 한번쯤 봤을 법한 것이었다. 이런 문제를 보완하기 위해 인도와 차도 사이에 경사로를 만들거나, 계단에 리프트를 설치하는 정도의 대안이 나왔다. 하지만 이런 대안은 근본적인 해결책이 될 수 없다. 지구상에 존재하는 수많은 턱과 계단에 모두 이런 장치를 마련할 수는 없기 때문이다.

카멘은 전혀 다른 차원의 문제의식을 가졌다. '인류가 달나라에 갈 수 있고 심해에 사람을 보낼 수 있을 정도로 첨단 기술을 개발했는데, 휠체어를 탄 노인이 10cm짜리 보도에도 오르지 못한다는 게 말이 되는가.' 이런 문제의식을 가진 그는 휠체어로 자유롭게 보도나 계단을 오르내릴 수 있는 기술을 연구했다. 고민을 거듭하던 그는 욕실에서 샤워를 마치고 나오면서 타일 바닥에 미끄러진 뻔하다가 아이디어를 얻었다.

미끄러지는 순간 균형을 잡기 위해 무의식적으로 팔을 뒤로 뺐는데 균형이 잡혀 넘어지지 않을 수 있었던 것이다. 그는 높은 곳을 올라갈 때 무게 중심에 변화가 오고, 이 무게 중심을 적절하게 이동시켜 균형을 잡으면 넘어지지 않을 수 있다는 원리를 휠체어에 적용하기로 했다. 갑자기 균형이 무너졌을 때 다시 균형을 찾으려는 인체

다른 이들의 도움 없이 자유롭게 문턱을 넘나들
수 있는 휠체어 아이봇

의 원리를 창조형 모방을 시작하는 힘으로 적용시킨 것이다.

과거의 휠체어는 안정적으로 균형 상태를 유지시키는 데 초점을 맞췄지만 카멘은 넘어지려 할 때 균형을 회복시켜주는 새로운 '차원'의 문제에 집착해 결국 다른 이들의 도움 없이도 자유롭게 턱이나 계단을 오르내릴 수 있는 휠체어, '아이봇'을 개발했다.

아이봇 사례는 탁월한 혁신가가 곧 탁월한 관찰자라는 사실을 잘 보여준다. 또한 자신에게 직접 닥친 일이 아니더라도 간접 경험이나 관찰 등을 통해 얼마든지 문제의식을 가질 수 있다는 점을 시사한다.

인도 타타그룹의 라틴 타타 회장도 그랬다. 인도에서는 서민들의 구매력이 낮기 때문에 오토바이가 유용한 교통수단이 되어준다. 인도에 방문해본 사람들은 오토바이 한 대에 전 가족이 매달려 질주하는 모습을 본 적이 있을 것이다. 대부분은 인도의 흔한 일상이라며

거의 신경을 쓰지 않는다.

하지만 라틴 타타 회장은 독특한 관점에서 관찰을 하게 됐다. '왜 인도 사람들은 저렇게 아슬아슬한 곡예를 해야 할까? 사고가 나면 일가족이 치명상을 입을 수도 있는데 왜 오토바이를 타는 걸까? 만약 오토바이보다 더 안전하면서 값이 싼 교통수단이 나온다면 인도인들에게 큰 가치를 제공할 수 있지 않을까?'

이런 고민 끝에 타타 회장은 인도 서민들의 구매력을 감안할 때 충분히 지출이 가능하다고 판단되는 수준인 2,500달러짜리 자동차를 개발했다. 당시 업계에서는 4,000달러 이하의 자동차 개발은 불가능하다고 여겼다. 하지만 타타 회장은 극한의 효율과 혁신 아이디어들을 결합시켜 세계 최저가 자동차 '나노'를 개발하는 데 성공했다.

물론 통념을 깨는 혁신에 성공했다고 해서 상업적 성공이 반드시 보장되는 것은 아니다. 실제 나노는 초기에 큰 관심을 끌었고 많은 판매가 이뤄졌으나 안전 문제가 불거지면서 판매량이 조금씩 줄고 있다. 또한 인도 국민들이 오토바이에 비해 비싼 자동차를 구매한다고 해서 그만큼 만족감을 느끼는지도 관심사다. 나노의 도전은 현재 진행형인 셈이다.

이들의 사례는 의식적인 노력과 훈련으로 탁월한 관찰력을 얼마든지 갖출 수 있다는 점을 증명한다. 회사 근처 식당에 가서도 밥만 먹지 말고 '왜 이 가게는 장사가 잘 될까', 혹은 '이 가게는 왜 장사가 안 될까'와 같은 질문을 끊임없이 던져보는 습관을 가질 필요가 있다. 음식이 늦어지면 어떤 과정이 문제인지, 개선할 방법은 없는지, 식당의 기존 역량을 활용한 추가 메뉴 개발 가능성은 없는지, 맛을 더 개선할 방법은 없는지 등 문제의식이 발생될 수 있는 사항을 지속적으로 관찰하고 찾아내려는 노력이 필요하다. 이런 노력이 쌓이다 보면 세상사에 대한 남다른 통찰을 갖게 될 수 있다.

문제의식을 갖는 올바른 방법

문제의식을 가질 때는 눈에 보이는 단순한 차원에서만 바라봐서는 안 된다. 다양한 차원에서 분석해야 복합적인 사고로 이어져 세상을 이해하는 폭이 넓어진다.

예를 들어 외발 손수레를 생각해보자. 다이슨은 외발 손수레의 문제를 인식할 때 여러 차원에서 문제를 바라보았다. 가령 손수레의 바퀴가 하나뿐이어서 불안정하다든지, 바퀴의 모양이 이상하다든지, 손잡이도 다소 비효율적으로 설계돼 있다든지 하는 문제 말이다. 이처럼 여러 차원에서 문제를 분석하고 바라본 다음 가장 개선 효과가 크고 자원이 적게 투입되며, 문제를 근본적으로 해결할 수 있는 분야를 핵심 과제로 선정했다.

한번은 윤생진 전무에게 점점 쇠락의 길을 걷고 있는 한국 씨름이 어떤 문제를 갖고 있는지 물어본 적이 있다. 씨름에 대해 관심이 있어서라기보다는, 그가 어떤 방식으로 문제의식을 갖고 해결책을 찾는지 궁금해서였다. 제안의 대가답게 그는 여러 차원에서 문제를 바라보았다.

그는 씨름의 규칙, 스타 플레이어, 운영 방식, 중계 방식, 선수 육성 시스템, 협회의 리더십, 언론의 보도 태도 등 10여 가지 차원에서 문제점을 제기했다. 이후 그는 이 가운데서도 경직된 씨름의 규칙이 가장 우선적으로 해결돼야 할 과제라고 지적했다. 즉, 샅바를 잡는 데 시간이 너무 오래 걸리고, 경기 중에 경기장 밖으로 밀려나면 샅바를 다시 잡아야 하기 때문에 또 시간이 걸려 지루함을 준다는 것이다.

따라서 복싱처럼 링을 설치하거나, 스모처럼 샅바를 놓쳤을 때 맨손으로라도 승부를 내도록 해서 박진감을 높여야 한다는 해결책을 내놓았다. 그의 주장이 타당한지 여부는 중요하지 않다. 다만 그가 창조형 모방의 프로세스대로 사고하는 습관을 갖고 있다는 점이 놀랍게 느껴졌다.

❶ 다양한 차원에서의 문제의식(씨름의 경직된 규칙, 스타 플레이어 부재, 운영 방식의 한계, 협회의 리더십 등)을 가진 후 ❷ 이 가운데서 가장 파급효과가 크고 많은 문제를 해결할 수 있는 핵심 과제(씨름의 규칙 변경으로 박진감 높이는 방안)를 선정했고, ❸ 씨름과 상관없는 다른 스포츠 분야(복싱, 스모)에서 모방 대상을 선정했으며 ❹ 모방 대상의 문제 해결 원리를 접목해 개선안을 제시(링 설치, 경기 중단 없이 한 판에 승부)했다. 모방 프로세스의 마지막 다섯 번째 단계인 실행은 그가 다룰 수 있는 문제 아니기 때문에 이 사례에서는 논외로 치자.

복잡하게 다차원으로 문제를 제기하지 말고 바로 핵심 과제를 선

차원	문제점	개선책	자원 투입 수준	문제 해결 수준	우선순위
스타	대중적 인기를 받는 스타 플레이어 부족	스타 플레이어 육성	높음	중간	중간
중계방식	황금시간대 텔레비전에서 보기 어려워	방송사와 협의해 텔레비전프로그램 편성 추진	중간	중간	중간
씨름규칙	루스타임 많아 지루함	링을 설치하거나 단판에 승부내도록 규칙 개정	낮음	높음	높음
⋮	⋮	⋮	⋮	⋮	⋮

정해도 되지 않느냐고 생각할 수도 있다. 물론 그렇게 할 수도 있다. 실제로 창조와 혁신에 능한 전문가들은 문제를 인식하는 것과 동시에 핵심 과제를 선정하기도 한다. 하지만 윤생진 전무처럼 매우 숙련된 혁신가들도 어떤 문제에 대해 해결책을 제시할 때 다차원으로 사고하는 습관을 갖고 있다. 직감적으로 선택한 핵심 과제가 매우 바람직한 것일 수도 있지만 자칫 그다지 중요하지 않은 문제일 수도 있다. 따라서 순식간에 어떤 판단을 했다 하더라도 다른 차원에서 문제를 바라볼 방법은 없는지 검토할 필요가 있다.

위의 표와 같이 다양한 문제들을 여러 차원에서 나열해보면 과거에 생각하지 못한 전혀 새로운 해결책을 고민해볼 수 있는 계기를 마련할 수 있다. 또 각 문제점을 해결하기 위해 필요한 자원의 투입 수준과 해결됐을 때의 파급 효과를 고려해보면 가장 중요한 핵심 과제를 선정하기 위한 우선순위를 파악하는 데 도움을 준다.

물론 각 항목별 자원 투입 수준이나 문제 해결 수준을 객관적으로 평가하기는 쉽지 않다. 하지만 다양한 차원에서 문제를 바라볼 수 있는 자세를 갖게 하고, 핵심 과제를 선정할 때 자칫 중요하지 않은 문제를 선정해 역량만 낭비하는 우를 최소화하는 장치로 활용할 수 있다.

과감해져라

탁월한 혁신가의 문제의식은 일반인에 비해 양적, 질적으로 큰 차이가 난다. 일반인과 혁신가의 차이는 문제점 개선 수준, 모순에 대한 태도, 통념에 대한 태도에서 찾아볼 수 있다. 각 항목별로 자세히 설명해보겠다.

❶ **문제 개선 수준** : 일반인의 문제의식은 현 상태 개선에 머무르는 사례가 많다. 예를 들어 일반적으로는 가격이 비싼 컴퓨터를 보면서 '컴퓨터 가격을 조금 더 낮추거나 성능을 조금 더 개선하면 어떨까' 하는 수준의 문제의식에 머문다. 혁신가는 이보다 훨씬 더 본질적인 문제의식을 갖는다. "왜 컴퓨터는 개별 부품 값을 합한 것보다 무려 다섯 배나 비싸야 할까?"와 같이 가격에 대한 본질적인 질문을 한다.

일반인들은 선풍기의 날개에 어린이들이 손가락을 다칠 수 있다는 문제에 대해 보호망을 씌우는 수준에서 만족한다. 하지만 보호망을 씌울 경우 바람의 세기가 약해지고 보호망을 청결하게 유지하기 위해 청소해야 하는 불편함이 있다. 하지만 이런 문제에 대해 선풍기 업계 종사자들조차 본질적인 해결책을 찾지 못했다.

가전제품 업체 다이슨은 이와 관련해 일반인과 전혀 다른 근본적인 문제 개선에 도전했다. 문제의 근원인 선풍기 날개를 아예 없애버리면 어떻겠느냐는 생각이다. 다이슨의 이러한 문제의식은 선풍기의 날개로 인해 발생하는 안전 및 청결 문제를 본원적으로 해결했다. 혁신가는 이처럼 현 상태의 사소한 개선에 머물지 않고 근본적으로 문제를 해결할 수 있는 개선책이 무엇인지에 대해 고민한다.

❷ **모순에 대한 태도** : 일반인들은 주로 모순에 순응하고 모순을 받아들인다. 하지만 혁신가는 모순에 과감하게 도전한다. 가령 과수원에서 사과나무에 농약을 살포하면 병충해는 막을 수 있지만 사과에 유해한 물질이 남아 건강을 위협하는 요인이 된다. 그렇다고 농약을 살포하지 않으면 건강에 대한 우려는 낮아지겠지만 병충해로 인해 사과 수확량이 크게 줄거나 품질이 떨어질 수 있다. 특히 농약 사용이 보편화된 데다 오랫동안의 품종 개량으로 사과나무의 저항력이 크게 떨어진 현재의 상황에서는 농약을 쓰지 않으면 사과 수확 자체가 거의 불가능하다.

사과를 재배하는 사람들은 대부분 이런 모순을 숙명으로 받아들인다. 이에 대한 해결책을 모색하는 사람도 있지만 대개 농약 사용을 조금 줄이는 형태의 사소한 개선에 머문다. 혁신가는 이런 모순을 숙명으로 받아들이지 않고 과감하게 도전해 모순을 해결할 수 있는 아이디어에 매료된다.

일본 농부 기무라 아키노리씨가 그랬다. 그는 무농약으로 쌀을 재배한다는 한 농부의 책을 읽고 사과나무에도 이런 일이 가능하리라 생각하며 과감하게 모순에 도전했다. 숱한 역경과 노력 끝에 무농약 재배를 실현시켰고 2년을 두어도 썩지 않는 기적의 사과를 수확하게 됐다.

❸ **통념에 대한 태도** : 일반인은 상식과 통념을 받아들이고 이 범위 안에서 개선책을 찾는다. 혁신가는 다르다. 상식과 통념의 테두리에서 의식적으로 벗어나려 한다. 현대중공업은 수주가 늘어나 배를 제작하는 도크(선박 건조 수리를 위해 조선소에 세워진 시설)가 꽉 차 추가 수주를 받을 수 없었다. 도크는 선박 건조 능력의 평가 기준일 정도로 중요한 자원이었다.

많은 사람들은 추가 수주를 받으려면 도크를 추기로 건설하는 방법밖에 없다고 생각했다. 하지만 혁신가는 '바다에 도크가 있어야 배를 만들 수 있다'는 기존의 생각에 도전했다. 육상에서 배를 만들어 레일을 깔아 배를 바다로 옮겨와 진수하면 되지 않겠느냐는 생각을 한 것이다. 현대중공업은 업계의 상식을 깬 과감한 발상으로 1,500억 원의 비용을 절감하면서 건조 기간도 30일 앞당겨 러시아 원유 운반선 건조에 성공하게 됐다.

항목	일반인	혁신가
문제 개선 수준	현 상태의 사소한 개선	근본적 문제 해결
모순에 대한 태도	모순에 순응함	모순을 해결함
통념에 대한 태도	일반적 통념에서 머무름	통념에서 벗어남

문제의식을 갖는 데 도움을 주는 질문

문제의식은 창조형 모방의 가장 중요한 출발점이다. 현재의 상황에 만족하면 결코 혁신적 아이디어를 낼 수 없다. 사소한 문제라도 참고 넘어가서는 안 된다. 앞서 강조했듯이 훈련을 하면 얼마든지 문제의식을 통한 창의력 배양이 가능하다.

특정 상품이나 서비스 등을 접하면서 문제의식을 키울 수 있는 질문들을 모아보았다.

문제의식을 저절로 키워주는 질문들

- 고객들은 제품·서비스 구매 과정에서 어떤 불편함을 느끼고 있는가?
- 고객들은 제품·서비스 사용 과정에서 어떤 불편함을 느끼고 있는가?
- 고객들은 제품·서비스 사용 과정에서 다른 보완적인 제품·서비스를 함께 사용하고 있는가? 이런 보완적 제품·서비스를 없앨 수 있는 방법은 없는가?
- 고객들은 제품·서비스를 유지, 보수하는 과정에서 어떤 불편함

을 느끼고 있는가?

- 고객들은 제품·서비스 폐기 과정에서 어떤 불편함을 느끼고 있는가?
- 고객들이 제품·서비스 사용이나 폐기 과정에서 안전에 대한 위협을 느끼고 있지는 않은가?
- 제품·서비스 사용 과정에서 친환경성을 높일 수 있는 방법은 없는가?
- 고객들이 제품·서비스 사용 과정에서 더 큰 정서적 만족감을 느낄 수 있는 방법은 없는가?
- 고객들이 배려를 받고 있다는 느낌을 받을 수 있는 방법은 없을까?
- 고객들의 자긍심이나 자존감을 더욱 높여주는 방법은 없을까?
- 제품·서비스의 가격은 타당한가? 유통이나 생산 구조를 혁신해 고객의 부담을 확연하게 떨어뜨릴 수 있는 방법은 없나?
- 특정 제품·서비스를 사용하지 않는 고객들은 어떤 제품·서비스를 이용하고 있나? 대안이 된 제품·서비스는 어떤 가치 때문에 사용하고 있을까?
- 반드시 지금과 같은 형태의 디자인을 유지해야 하는가?
- 반드시 지금과 같은 판매 마케팅 방안을 유지해야 하는가?
- 지금 필수적이라고 판단한 기능 가운데 고객들이 필요 없다고 생각하는 기능은 없나?
- 현재의 가격 지불 방식을 대체할 수 있는 새로운 모델은 없나?
- 현재의 제품·서비스가 간과하고 있는 고객층은 없나?

핵심 과제 선정

핵심 과제의 중요성

앞서 문제의식을 갖는 것이 얼마나 중요한지에 대해 강조했다.

▲의도적으로 문제의식을 가지려 노력하고, ▲적당한 개선안이나 신제품이 나왔다고 해서 절대 만족하지 않으며 ▲탁월한 관찰을 통해 자신에게 직접 닥친 일이 아닌 타인이 직면한 문제에 대해서도 대안을 고민해보고, ▲사소한 개선에 머물지 않고 과감하게 모순이나 통념에 도전하는 문제의식을 갖겠다고 다짐했다면 창조형 모방의 첫 관문을 순조롭게 넘어섰다고 봐도 좋다. 물론 아직 문제가 다 해결된 것은 아니다. 핵심 과제를 신중하게 선정해야 성과를 낼 수 있다.

한 중견기업의 기획부서 근무자가 전화를 걸어온 적이 있다. 자신의 회사의 기존 회의 관행에 대해 문제의식을 갖고 있는데 이와 관련한 조언을 해줄 수 있느냐는 것이었다. 이는 분명 좋은 문제의식이다. 실제 많은 기업에서 비효율적으로 회의가 진행되면서 회의(會議)에 대한 회의(懷疑)감을 가지는 직원들이 매우 많다. 한없이 늘어지는 회의, 주제를 제대로 찾지 못하고 방황하는 회의가 너무 많아 일할 시간이 부족하다고 말하는 조직원들도 수도 없이 많다.

따라서 회의 문화를 잘 혁신하면 조직 전체의 경쟁력이 크게 높아진다. 이러한 문제에 대해 예전부터 관심을 갖고 있었기에 전문가들과 의견을 나누고 회의 문화 혁신 해결책을 다룬 'DBR 스페셜리포트'를 제작한 적이 있다. 이후 어느 지역의 한 금융회사 지점에서 이 리포트에 제시된 다양한 해결책을 현업에 적용해 그해 전국에서 가장 좋은 실적을 올렸다는 소식을 알려오기도 했다. 그만큼 회의 문화의 변화가 조직 문화에서 큰 비중을 차지하는 것이다.

이런 측면에서 이 기업의 문제의식 제기는 타당하다. 하지만 그 이후가 문제였다. 이 담당자는 회의의 형식적 운영 절차에 관심을 갖고 있었다. 따라서 다른 기업들은 어떤 절차에 따라 회의를 하는지 알고 싶어 했다. 안타깝게도 이면의 원리보다 표면의 양상에 훨씬 더 큰 관심을 가졌던 것이다.

실제 회의 혁신에서 운영 절차가 차지하는 중요성은 매우 낮다. 회의 참가자를 규정하고, 회의 시간을 정하며, 사진 자료 배포 시간을 확정하고, 회의 의제를 누가 정하도록 하는가와 관련된 운영 절차가 성과에 미치는 영향은 미미하다. 예를 들어 회의 시간을 1시간으로 하는 것과 1시간 반으로 정하는 것이 어떤 차이가 있겠는가. 중요한 주제라면 3시간을 해도 좋고, 사소한 일이라면 10분도 아까울 것이다.

이처럼 운영 절차를 세부적으로 만들어놓을수록 오히려 상황 대처 능력이 떨어질 게 불 보듯 뻔하다. 참가자도 마찬가지다. 사안에 따라 해당 부서 실무자도 참여시킬 수 있도록 하고, 관련 없는 부서라면 빠질 수도 있어야 한다. 미리 절차를 정해놓을수록 유연성은 떨어질 수밖에 없다.

운영 절차보다 훨씬 중요한 것은 '회의에서 어떤 주제를 다룰 것인가' '회의에서 어떻게 자유롭고 창의적인 아이디어가 제시되도록 유도할 것인가'다. 첫 번째 주제는 회사 내외부의 수많은 정보와 데이터 가운데 기업의 성과에 영향을 주는 정보를 어떻게 수집하고 골라내서 이를 공유하고 논의 주제를 잘 찾아가는가 하는 능력과 관련이 있다. 두 번째 주제는 회의 주재자가 어떤 리더십을 발휘해 회의 과정에서 다양한 논의가 격의 없이 이뤄지도록 유도하는가와 관련이 있다. 만약 두 가지 문제 중 하나만 개선해도 기업의 성과는 이전과 크게 달라진다. 안타깝지만 나에게 자문을 구한 중견기업의 경우 중요도가 가장 낮은 문제에 매달려 아까운 자원이 낭비되고 있다는 느낌을 지울 수 없었다.

이처럼 좋은 문제의식만 가졌다고 해서 좋은 혁신이 나오는 것은 아니다. 해결에 도전해볼 만한 핵심 과제 후보(회의 운영 절차, 주제 선정, 회의 리더십 등)는 회의 개선 사례에서 볼 수 있듯이 매우 다양하다. 이 가운데 성과와 직접 관련이 있고, 적은 자원으로 효과성을 높일 수 있으며, 해당 조직의 상황을 고려했을 때 가장 영향력이 큰 과제를 선택해야 한다. 핵심 과제를 잘못 선택하면 자원만 낭비하고 효과를 보기 어렵다. 그렇다면 핵심 과제를 어떻게 찾아내야 하는지에 대해 살펴보자.

막힌 고리를 풀어라

사실 핵심 과제 선정은 창조형 모방을 위한 5단계 중 가장 어려운 과업이다.

세상에서 가장 힘든 일 중 하나가 인과관계를 찾는 것이기 때문이다. 인과관계가 명확하다면 문제를 유발한 원인을 손쉽게 찾아낼 수 있다. 하지만 수많은 분야가 얽히고설킨 시장에서 인과관계는 모호하고 복잡하게 연결돼 있다.

많은 분야의 학자들이 평생의 과업으로 인과관계를 찾아내고 있지만 아직까지 전모가 드러나지 않은 현상들이 훨씬 더 많다. 따라서 다양한 문제 가운데 어떤 부분을 최우선 과제로 정해 역량을 투입할지 결정하는 것은 결코 쉽지 않다. 핵심 과제 선정과 관련한 구체적인 방법론도 제시된 바 없다. 또 정답이 하나만 있으리라는 보장도 없다.

유통업계를 예로 들면 부담 없는 1,000원짜리 제품을 판매하는 업종부터, 고가 명품만 취급하는 전문 매장, 중간 가격대의 제품을 취급하는 대형 매장, 유행이 지난 재고 이월 상품을 전문적으로 취급하는 매장, 온라인 판매사이트, 복합 쇼핑몰 등이 공존하고 있다. 각 업체의 상황과 현실 인식 수준, 자원 및 역량에 따라 핵심 과제가 달라질 것이다. 유사한 상황에 처한 기업이라도 서로 다른 방향의 핵심 과제를 선정해 문제 해결책을 마련한다면 모두가 공존할 수 있다.

핵심 과제 선정 역량을 높이기 위해서는 현실에서 다양한 경험을 거치면서 세상의 원리를 이해하려고 노력하고, 기존 지식을 광범위하게 학습하며, 특정 상황에 대한 깊이 있는 이해를 하려고 노력하는 게 가장 유력한 대안이다.

《이기는 습관》의 저자인 전옥표 위닝경영연구소 대표가 과거 삼성전자 대리점장으로 부임했을 때 이야기다. 그는 자신이 풀어야 할 핵심 과제를 선정하는 과정에서 어려움을 겪고 있었다. 대리점의 성과는 별로 좋지 않은 편이었다. 그의 눈에 띈 직원들은 늘 분주히 일하고 있었고 대리점 진열도 어디 하나 특별히 흠잡을 데가 없었다. 뭔가 막혀 있다는 느낌은 가졌지만 무엇이 문제인지 확신할 수 없었다. 진지한 고민 끝에 그는 밥솥으로 눈길을 돌렸다.

어느 날 그는, 이제부터 밥솥을 집중해서 팔겠다고 선언했다. 직원들은 의아해했다. 밥솥은 마진도 적고 매출에도 별 도움이 안 된다. 냉장고나 에어컨, 텔레비전을 많이 팔아야 매출과 이익을 올릴 수 있었던 것이다. 하지만 그는 자신의 주장을 밀어붙였다. 그는 밥솥을 많이 팔기 위해 항상 맛있는 밥을 지어둘 수 있도록 했다. 직원들은 소비자에게 밥맛을 볼 수 있도록 권유해야 했다. 또 밥을 지은 지 몇 시간이 지났는지도 표시했다. 시간이 지나도 밥맛이 유지된다는 장점을 보여주기 위해서다.

그가 하도 강하게 주장하는 바람에 직원들은 어쩔 수 없이 명령에 따르긴 했지만 곳곳에서 불만이 터져 나왔다. 현장을 제대로 알지 못하는 관리자가 와서 엉뚱한 일을 시킨다는 볼멘소리가 이어졌다.

그런데 놀랍게도 그달 매출이 수직 상승하는 결과가 나타났다. 갓 지은 밥맛을 본 소비자들은 새 밥솥을 사갔고 지인들에게 입소문을 냈다. 고객이 늘어났고, 이들은 밥솥을 사면서 다른 가전제품도 둘러봤다. 덩달아 다른 제품의 매출도 늘어났다.

이 사례는 핵심 과제 선정의 위력을 잘 보여준다. 관리자나 CEO는 모든 분야에 시간과 자원을 균등하게 할당할 수 없다. 보통 한두 가지, 거대 기업의 CEO라도 4~5가지의 핵심 과제를 선정해 이를 집중적으로 해결하기 위해 노력해야 한다. 그리고 일단 핵심 과제로 선정한 것에 대해서는 세부적인 사항까지 챙기며 성공으로 이끌어야 한다. 핵심 과제 이외의 다른 부분들은 과감하게 권한 위임을 해야 과제 달성이 가능해질 것이다.

전옥표 대표는 기막힌 핵심 과제를 선정했다. 그가 밥솥을 주력으로 선정한 이유는 다음과 같다. 냉장고, 에어컨 등 대부분의 가전제품은 고객들이 그 자리에서 제품의 탁월한 효능을 느끼기가 힘들다. 지시 에어컨 바람이 경쟁사 제품보다 세다는 것을 어떻게 보여줄 수 있겠는가. 냉장고 역시 아무리 뛰어난 성능을 가졌더라도 소비자가 매장 내 체험을 통해 그 성능을 느껴보기는 힘들다.

하지만 밥솥은 다르다. 직접 밥을 지어 소비자에게 먹여볼 수 있다. 매일 먹는 밥이기에 소비자들은 금방 그 차이를 안다. 게다가 지은 지 몇 시간이 지나도 밥맛이 그대로 유지된다는 점을 현장에서 확인할 수 있다. 다른 어떤 가전제품도 소비자에게 이런 즉각적인 체험을 안겨줄 수 없다.

그래서 그는 밥솥에 집중한 것이다. 밥솥이 잘 팔리자 다른 제품의 판매도 당연히 증가했다. 복잡한 주변 상황을 잘 정리하고 핵심 과제를 선정하면 다른 문제들도 연쇄적으로 풀려나가는 현상이다. 제대로 된 핵심 과제 선정의 위력이다.

기업 경영도 마찬가지다. 잭 웰치 전前 GE 회장은 업무의 70% 이상을 인사 관련 분야에 투자한다고 말했다. 탁월한 관리자의 가장 중요한 능력은 핵심 과제 선정이라는 점을 잘 보여주는 대목이다. 거대 기업에서 CEO가 개별 제품이나 서비스에 집착하거나, 혹은 각 공장의 생산성 향상에 시간을 대거 투자한다면 어떻게 될까. 개선 효과는 미미할 것이고 그나마도 CEO가 관심을 다른 곳으로 돌리는 순간 효과가 사라질 수 있으며 정작 중요한 다른 핵심 문제를 놓치게 될 것이다.

잭 웰치는 자신이 수많은 GE의 상품이나 서비스 생산 과정을 통제할 수 없다는 점을 너무나 잘 알고 있었다. 따라서 그는 사람에 집중했다. 적합한 사람을 뽑아 관리 책임을 맡기면 애초에 발생했던 문제 외에 다른 문제들도 연쇄적으로 해결됐다. 70%의 자원을 투입할 충분한 가치와 이유가 있었던 셈이다.

차별화된 핵심 과제 선정하기

핵심 과제 선정은 각자의 상황과 맡은 업무에 따라 달라지기에 거의 예술에 가까운 일이지만 몇 가지 기준을 제시할 수는 있다.

가장 중요한 점은 과거보다는 미래의 관점에서 바라봐야 한다는 것이다. 특히 관리자나 의사결정권자의 대부분은 불확실한 미래에 새로운 방식으로 대처하기보다는 과거의 성공 경험과 노하우를 현재에도 활용하고 싶어 한다. 과거에 큰 성공을 경험했던 관리자일수록 앞서 말한 성공의 덫을 조심하면서 항상 미래의 관점에서 사고하는 습관을 가져야 한다.

또 중요한 것은 핵심 과제 선정 과정에도 차별화가 필요하다는 점이다. 남들과 유사한 핵심 과제를 발견해서는 성과를 내기 어렵다. 다시 말하면 현재 시장의 경쟁 구도는 새롭고 차별화된 핵심 과제를 발견하는 부문에서부터 벌어지고 있다고 봐도 좋다. 다른 경쟁자들과 유사한 차원에서 핵심 과제를 선정하면 유사한 해결책이 나오기 십상이다. 결국 유사한 분야에서 경쟁이 이뤄지기 때문에 밀도의존 현상으로 높은 수익을 얻기 힘들다.

라디에이터를 예로 들어보자. 라디에이터 업체의 전략부서나 신제품 개발 담당자들은 매일 어떤 개념의 신제품을 만들까를 고민한다. 이들은 대개 ▲실지 및 이용 편의성 향상 ▲오염 물질 배출 절감 ▲생산 원가 감축 ▲디자인 개선 등의 차원에서 경쟁을 벌이고 있다.

그런데 한 혁신적 디자이너가 라디에이터의 '위치'라는 새롭고 차별화된 문제를 제기했다. 라디에이터는 보통 창문 아래 벽에 달라붙어 있다. 라디에이터가 워낙 오랫동안 창문 아래에 굳건히 자리 잡고 있었기 때문에 이를 핵심 과제로 인식하기조차 힘들지만, 곰곰이 생각해보면 위치 때문에 발생하는 여러 문제가 있다.

라디에이터는 방의 구석에 자리하고 있는데 사람들은 대개 실내 공간의 중앙 쪽에서 활동을 한다. 따라서 방의 중앙 부분까지 온도를 높이려면 많은 에너지가 투자된다. 또 라디에이터는 여름에는 사용하지 않기 때문에 여름에 창가 아래쪽의 공간을 쓸데없이 차지하고 있는 점도 문제로 꼽을 수 있다.

이런 문제의식을 가졌다면 해결은 그다지 어렵지 않다. 라디에이터를 움직이게 하면 된다. 겨울에 실내 공간의 중앙이나 사람이 주로 활동하는 곳에 놓았다가 여름철에는 창고에 보관하면 된다. 독특한 문제의식만 가지면 이동식 난로의 '원리'를 모방해 손쉽게 개선 아이디어를 낼 수 있다.

실제 이런 문제의식으로 새로운 형태의 라디에이터를 개발한 디자이너가 있다. 그의 작품이 바로 사진에서 보이는 'rethinking the radiator'다. 이 라디에이터는 일반 라디에이터와 똑같은 방식으로 작동하지만 위치를 옮길 수 있게 설계했다. 특히 캠프파이어에서 장작을 쌓아놓은 외양을 모방해 감성적 가치까지 높였다는 장점을 갖고 있다.

추후 이 제품의 상업적 성공은 마케팅과 비용 구조 등 여러 요인이 잘 맞아떨어져야 하기 때문에 확신할 수는 없다. 하지만 이 디자인은 창의적 혁신으로 가는 사고의 과정에서 일반인과 전혀 다른 '차원'의 문제의식을 갖는 게 얼마나 중요한지를 잘 설명해준다.

미국 움프쿠아 은행도 차별화된 핵심 과제 발굴의 위력을 보여주

경쟁자들과 새로운 차원에서 핵심 과제를
선정한 'rethinking the radiator'

는 흥미로운 사례다. 만약 당신이 은행 경영자라면 어떤 문제에 가장 신경을 쓰겠는가. 금융 상품의 경쟁력, 서비스 생산성, 우수한 금융 인력 유치, 인수합병을 통한 규모 키우기, 전산 시스템 효율화와 같이 신경 써야 할 문제가 많을 것이다.

1994년 미국의 한 작은 은행이었던 움프쿠아 은행의 최고경영자 레이 데이비스는 독특한 시각에서 문제를 제기했다. 그는 매장에 서 있는 고객들의 지루한 표정을 보면서 "왜 그들은 한시라도 빨리 은행에서 업무를 마치고 떠나기를 바랄까?"에 대한 의구심을 품었다. 그리고 은행에 온 고객들의 지루한 표정을 없애는 것을 핵심 과제로 정했다.

업무를 효율화시켜 고객들이 대기 시간을 줄이고 최단 시간에 은행 업무를 마칠 수 있게 하고자 노력하는 CEO는 많았지만 이런 차원에서 문제를 제기한 은행 CEO는 전무했다. 그는 은행업도 스타벅스나 백화점, 호텔과 같은 소매업이라고 새롭게 정의했다. 그리고

소매점을 모방해 은행 지점을 새롭게 꾸민 움프쿠아 은행

직원들을 호텔로 보내 서비스를 배우게 했다. 은행 지점도 새롭게 디자인하고 각종 문화 공연을 펼쳐 오래 머물고 싶은 마음이 생기도록 했다. 신기하게도 고객들이 은행에 오래 머물수록 은행의 수신고는 높아졌다. 결국 미국의 한 작은 은행에 부과했던 움프쿠아는 70억 달러의 자산에 128개 지점을 가진 강력한 기업으로 성장했다.[38]

경쟁자와 차별화된 새로운 차원에서 핵심 과제를 발굴한다는 것이 물론 어렵기는 하지만 새로운 차원으로 문제를 바라보게 만드는 세 가지 원천을 활용하면 독특하고 차별화된 차원의 핵심 과제를 선정할 수 있다. 세 가지 원천은 바로 기존 고객, 광의의 고객, 비고객이다. 이들을 집중적으로 관찰해보면 경쟁자와 차별화되면서 미래 지향적인 핵심 과제를 발굴할 수 있다. 이들 세 원천을 집중적으로 살펴보자.

기존 고객에서 통찰 얻기

남들과 다른 차별화된 핵심 과제를 발견하기 위해 기업들이 가장 자주 하는 활동이 고객을 대상으로 시장 조사를 하는 것이다. 하지만 혁신가들은 이런 시장 조사보다 훨씬 공격적인 방법으로 고객에 대한 통찰을 얻어내 핵심 과제를 찾아낸다.

펫스마트라는 회사는 창고형 할인매장에 애완동물 관련 용품과 사료 등을 싸게 파는 비즈니스 모델로 성장을 거듭하고 있었다. 하지만 그들에게 문제가 발생했다. 월마트와 같은 대형 할인매장이 급속도로 늘어나면서 이곳에서도 애완동물을 위한 용품들을 싸게 팔기 시작한 것이다. 소비자 입장에서는 대형 마트에서 생활용품을 쇼핑하면서 동시에 애완동물 용품도 살 수 있기에 보다 시간을 줄이면서 합리적인 선택을 할 수 있었다.

펫스마트 경영진은 고민에 빠졌다. 이런 상황에서 여러 대안을 생각해볼 수 있다. 가장 먼저 떠올릴 수 있는 대안은 유통 구조를 개선해 펫스마트 제품의 가격을 대형 마트보다 더 싸게 파는 방법일 것이다. 이를 핵심 과제로 선정해 해결에 나섰다면 펫스마드 경영진은 구매처와의 협상을 통한 납품 단가 조정, 매장 구조조정을 통한 비용 절감, 통합 구매를 통한 비용 절감, 글로벌 소싱을 통한 신규 구매처 발굴 등을 추진했을 것이다.

또 다른 대안도 생각해볼 수 있다. 대형 마트와 완전히 차별화된 구조를 갖추는 방안이다. 고객에 대한 깊은 통찰을 해보면 전혀 다른 대안을 찾을 수 있다. 애완동물을 가진 고객들은 대개 자신의 애완동물을 자식처럼 아낀다. 애정의 대상인 애완동물의 행복을 위해 아낌없이 돈을 지출하는 주인들이 많다.

펫스마트는 이런 통찰을 토대로 경쟁자들과 전혀 다른 핵심 과제를 발견했다. 마치 부모가 자녀를 대하듯 애완동물에게도 유사한 취지의 행동을 할 수 있게 해준다면 고객들을 다시금 펫스마트 매장으로 모을 수 있으리라 생각한 것이다. 그들은 창고형 매장의 구조를 전면적으로 교체했다.

펫스마트는 부모가 자식들을 교육시키듯 애완동물을 위한 교육 서비스를 제공했다. 부모가 자식들에게 옷을 사주고 예쁘게 꾸며주는 행동을 모방해 발톱이나 털을 정리해주는 서비스도 실시했다. 외출이나 여행 시 어린 자녀를 믿을 만한 친척에게 맡기는 관행에서 아이디어를 얻어 애완동물을 맡아주며 최상의 서비스를 제공하는 펫스호텔 서비스도 시작했다. 어린이들이 방학을 맞아 캠핑 활동을 하는 것처럼 애완동물을 위한 캠프도 마련했다. 그들의 독특한 발상은 애완동물을 자식처럼 생각했던 소비자들에게 열광적인 호응을 얻었고, 펫스마트는 정체에서 성공적으로 벗어날 수 있었다.

만약 펫스마트가 제대로 고객을 이해하지 않고 유통 구조를 바꾼 가격 할인에 집중했다면 성장기 정체를 극복하기가 만만치 않았을 것이다. 펫스마트가 가격을 내려 시장 점유율을 높이면 막강한 유통 파워를 가진 대형 마트들도 가격 인하에 동참했을 것이고, 이로 인해 가격 할인 전쟁이 벌어져 업계가 황폐화됐을 수도 있다. 경영학의 오랜 지혜 중 하나는 "가격 경쟁은 업계 전체의 수익성을 악화시키지만, 비가격 경쟁(제품 차별화나 품질 향상)은 업계 전체의 건전한 발전을 가져온다”는 것이다.

새로운 고객 통찰을 기반으로 새로운 차원의 핵심 과제를 개발한 우유 업계 사례를 보자. 우유 업계의 경쟁이 치열해지자 우위를 선점하기 위한 많은 아이디어들이 제시됐다. 브랜드 가치를 높이기 위한 광고 마케팅을 하거나, 유통기한을 늘려 좀 더 오랫동안 신선함을 유지해 경쟁력을 얻거나, 머리가 좋아지는 성분을 첨가하거나 지방 함유량을 줄인 기능성 우유를 개발하는 등 시장은 다양한 우유들로 포화 상태였다. 물론 이들 모두 성과에 영향을 끼칠 수 있는 좋은 핵심 과제를 선정했다 할 수 있다. 실제 각각의 해당 분야에서 선도적 아이디어를 낸 기업은 일정 기간 경쟁우위를 점할 수 있었다.

이런 상황에서 서울우유는 보다 새로운 차원에서 핵심 과제를 선정하기 위해 고객을 ‘조사’하는 것이 아닌, ‘관찰’하기 시작했다. 매장에서 우유를 사는 고객을 유심히 관찰하는 과정에서 서울우유 관계자들은 흥미로운 사실을 알 수 있었다. 일부 소비자들은 우유 상단에 표시된 제조일자를 유심히 실펴보고 있있다. 자세히 관찰해보니 이들은 유통기한이 얼마 남았는지를 계산해 상대적으로 유통기한이 더 많이 남아있는 제품을 선택하는 것이었다. 유통기한이 오래 남아있을수록 더 신선할 것이라는 생각에서 이런 행동을 했던 것이다.

하지만 서울우유 관계자들은 고객들의 이런 행동이 소기의 목적(더 신선한 우유 선별)을 달성할 수 없다는 사실을 잘 알고 있었다. 왜냐

하면 유통기한이 똑같이 5일 남아있다고 해서 같은 날짜에 제조된 것은 아니기 때문이었다. 어떤 제품은 3일 전에, 어떤 제품은 5일 전에 제조됐을 수 있다. 이런 관찰을 한 서울우유는 해결해야 할 핵심 과제로 소비자들에게 제조일자를 알려주는 방안을 고민했다.

해답은 어렵지 않게 찾을 수 있다. 말 그대로 제조일자를 알려주면 되는 것이다. 의약품이나 화장품 등 제조일자를 의무적으로 표시하도록 돼 있는 상품도 많았다. 하지만 실행 과정에서 문제가 발생했다. 제조일자를 표시하는 순간, 소비자들은 가장 최근에 만든 우유를 고르게 되는 것이다. 따라서 밤샘 작업을 해서라도 갓 제조한 우유를 제공하는 것이 훨씬 유리해진다. 휴일에도 우유를 만들어야 월요일에 장을 보러 온 소비자들이 신선한 제품을 선택할 수 있다.

제조일자 표기를 위해 그들은 공장 노동자들을 설득해야 했다. 또 유통을 담당하는 직원들이 제품을 공장에서 받은 후 최대한 빨리 소매점 매장에 진열할 수 있게 해야 했다. 업무량 증가가 불가피한 상황이었다. 서울우유는 이런 많은 과제에도 불구하고 과감하게 제조일자 표시를 강행했다. 그리고 그들의 예상대로 유통기한을 역산해서 제품을 구매하던 소비자들이 서울우유를 선택하기 시작했다.

서울우유의 이런 혁신은 다른 경쟁사에 타격을 줬다. 특히 유통기한을 늘리기 위한 시설에 대규모 투자를 단행하며 집중했던 모 기업은 시장에서 소비자들의 선택 방향이 전혀 달라짐에 따라 큰 타격을 입어야 했다.

펫스마트와 서울우유 사례는 핵심 과제를 발견할 때 기존 고객에 대한 깊이 있는 통찰이 매우 중요하다는 사실을 잘 보여준다. 많은 기업들이 고객들이 원하는 바를 알기 위해 고객을 대상으로 그룹 인터뷰나 제품 만족도 조사 등을 실시한다. 하지만 고객 조사는 고객들의 표면적 반응, 혹은 사회적으로 타당하다고 생각되는 반응을 얻는 데 그칠 공산이 크다. 개선점을 써달라는 조사를 아무리 정교하게 실시해도 고객들은 '가격을 낮추라'거나 '더 많은 기능을 제공해달라'는 정도의 답변만 하고 만다. 이런 정보는 차별화된 핵심 과제 발견에 큰 도움을 주지 못한다.

고객에 대한 새로운 통찰을 얻으려면 관행적인 시장 조사에서 탈피해야 한다. 대신 고객들이 제품을 구매하거나 사용하는 과정에 직접 참여해서 현장을 관찰하고 고객들의 행동을 분석해 개별 행동의 동기가 무엇인지 파악해야 한다. 예를 들어 텔레비전 구매자들을 대상으로 설문 조사를 해보면 대부분은 텔레비전을 선택할 때 음질이나 화질을 중시한다고 대답한다. 이에 삼성전자 텔레비전 개발팀은 현장에 나가 실제로 고객들이 어떻게 행동하는지 관찰했다. 고객들은 의외로 구매 현장에서 화질이나 음질에 대한 깊이 있는 질문을 하지 않았다. 대신 디자인이 예쁜 제품을 선택했다.

이 통찰을 토대로 삼성전자 개발팀은 '디자인'을 새로운 핵심 과제로 선택했다. 그들은 문제를 해결하기 위해 가구의 가치 요소를 모방해 유려한 디자인의 텔레비전을 만들기로 결심했다. 이런 콘셉트로 제품을 개발하는 과정에서 삼성 직원들은 우연히 와인을 마시다 와인잔 형상을 모방한 텔레비전 디자인을 떠올렸고, 그렇게 만들어진 모델은 판매량 세계 1위의 기록을 세웠다. 세계 시장을 평정했던 보르도텔레비전 이야기다.

물론 설문조사가 완전히 무의미하다는 것은 아니다. 설문을 하더라도 만족도나 개선점을 단편적으로 물어보는 질문은 의미가 없다는 얘기다. 한 일본 식음료 업체는 녹차 음료 개발을 위한 고객 설문조사를 설계하면서 '외국인에게 녹차를 어떻게 설명하시겠습니까' '정부가 녹차 판매와 유통을 금지한다면 어떻게 대응하시겠습니까' '녹차와 가장 유사한 이미지를 가진 동물이나 사물은 무엇입니까'와 같은 형태의 질문을 던졌다. 녹차에 대한 일본인들의 잠재의식을 파악하기 위한 질문들로 구성한 셈이다.

실제 이 회사는 조사를 통해 일본인들이 녹차에 대해 문화적 자긍심을 갖고 있다는 유용한 통찰을 얻었다. 이를 토대로 전통 녹차 제조 방식을 되살리는 것을 핵심 과제로 선정, 성공적인 제품 개발로 이어질 수 있었다. 관행적인 소비자 조사에 만족해서는 결코 새롭고 미래지향적이며 차별화된 핵심 과제를 선정할 수 없다. 보다 공격적이고 창의적인 방식으로 기존 고객의 내면을 이해하기 위해 애써야 한다.

광의의 고객에서 통찰 얻기

일반적으로 많은 기업 종사자들은 고객에 대해 단편적인 생각을 갖고 있다. 바로 현재 거래하고 있는 고객만을 고객으로 여기는 것이다. 하지만 자세히 살펴보면 고객의 종류는 의외로 다양하다.

　가장 눈에 빨리 보이는 고객은 구매자다. 그들은 직접 돈을 내고 물건을 사는 사람이다. 그러나 의외로 구매자와 실제 돈을 지불하는 사람이 다른 경우도 많다. 직접 물건을 살 때 보이지는 않지만 실제 돈을 내는 지불자도 광의의 고객으로 봐야 한다. 또 구매자가 제품을 사용하지 않을 수도 있다. 따라서 제품을 직접 사용하는 사람도 광의의 고객이다. 이와 함께 구매자의 의사결정에 직간접적으로 영향력을 행사하는 사람도 있다. 이들도 고객 못지않게 매우 중요하다.

　예를 들어보자. 장난감이나 학습 교재 같은 어린이 용품의 '구매자'는 보통 아이의 엄마다. 하지만 '지불자'는 직장을 다니며 돈을 버는 아이의 아빠다. 그런데 어린이 용품의 직접적인 '사용자'는 아이들이다. 한편 옆집 아이 엄마는 '영향력 행사자' 역할을 한다. 아이가 새로운 교재로 공부하고 성적이 올랐다는 '영향력 행사자'의 이야기를 들은 '구매자' 가운데 해당 용품을 사려는 유혹에서 벗어날 수 있는 사람은 거의 없다.

　이처럼 더 넓은 범위로 고객의 개념을 확장할수록 이들의 욕구가 전혀 다르다는 사실을 알 수 있다. 또 광의의 고객별로 서로 다른 욕구를 발견하기 때문에 전혀 새로운 차원의 핵심 과제를 찾을 수 있다. 외환위기 때 부도 위기에 몰렸던 건축자재 업체 벽산은 광의의 고객 중 다른 이해관계를 갖고 있는 고객에 집중해 새로운 차원의 핵심 과제를 발견했다.

벽산은 외환위기로 유동성 문제가 생기자 석고보드 사업부 등을 매각하며 회생의 발판을 마련했다. 이후 성장 기반을 다지기 위해 고심하던 중, 건설사 이외의 다른 고객에게 눈길을 돌렸다. 전통적으로 건축 자재 업체들은 건설사를 유일한 고객으로 생각해왔다. 당연히 건설사가 돈을 주고 자재를 사주기 때문에 가장 중요한 고객인 셈이었다.

하지만 건설사가 지불하는 돈은 사실 건축주에게서 나온 것이다. 그래서 건축주는 '지불자'라고 볼 수 있다. 여기에 강력한 '영향력 행사자'가 있다. 바로 설계사무소다. 곰곰이 생각해보면 이들은 전혀 다른 차원의 이해관계를 갖고 있다. 건설회사는 가급적 저렴한 가격에 빨리 건물을 완공하고 돈을 받는 게 가장 큰 목적이다. 하지만 건축주는 완공된 건물을 활용해 돈을 벌어야 한다. 따라서 입주자에게 매력적인 건물을 만들어야만 한다. 또 화재나 보안 문제가 생겨서도 안 된다. 영향력 행사자인 설계사무소는 의미 있는 '작품'을 만들고 싶다는 본원적 욕구를 갖고 있다.

여기까지 생각이 미치자 벽산은 새로운 차원의 문제를 발견했다. 건축주, 혹은 설계사무소가 매우 중요한 고객이 될 수 있다는 생각에 이들의 이해관계에 부합하려면 어떻게 해야 할지 고민하기 시작한 것이다. 이들은 실제로 화재로부터 안전한 공간, 흡음과 방음이 잘 되는 공간, 안전한 공간을 원했다. 이런 욕구를 충족시키려면 과거처럼 단품 자재를 납품하는 것만으로는 한계가 있었다.

고민 끝에 패키지 서비스가 대안으로 제시됐다. 벽산은 시스템애플리케이션연구소를 만들고 개별 자재를 어떻게 배치해야 할지 고민해서 건축주나 설계사무소 관계자들이 흡족해할 만한 대안을 제시했다. 이들은 건설 업체에 강력한 영향력을 행사할 수 있는 위치에 있었기 때문에 벽산의 자재를 구입하도록 압력을 넣었고 벽산은 성장세를 이어갈 수 있었다.

벽산의 사례는 지금 당장 눈앞에 보이는 고객도 중요하지만 주변에 광의의 고객들의 욕구도 혁신을 가져오는 원천이 될 수 있다는 사실을 알려준다.

비고객에서 통찰 얻기

광의의 고객 못지않게, 혹은 그 이상으로 좋은 통찰을 주는 게 바로 비고객이다. 비고객은 기존 제품이나 서비스가 충족시켜주지 못하는 가치를 찾아 다른 곳에서, 혹은 다른 대안을 소비하며 가치를 향유하고 있는 고객층이다. 이들은 고객, 혹은 광의의 고객보다 훨씬 규모가 클 수도 있기 때문에 이들의 욕구를 잘 파악하면 새로운 성장의 돌파구를 마련할 수 있다.

메트로폴리탄 오페라단은 한때 세계 최고라는 명성을 얻었지만 젊은 층이 오페라 공연을 외면하면서 관객들의 평균 연령층이 65세로 높아지고 매출이 제자리걸음을 하는 등 위기를 겪었다. 이런 상황에서 메트로폴리탄 신임 단장으로 취임한 피터 겔브는 오페라 공연을 보지 않는 비고객들에 주목했다.

이들은 주로 영화를 보거나 술집에서 생중계되는 스포츠를 보는 데 아낌없이 시간을 투자했다. 여기서 아이디어를 얻은 피터 겔브는 메트로폴리탄의 오페라에 HD영상과 생생한 음향을 입혀 공연하기 시작했다. 또한 이 내용을 전 세계 영화관에서 상영하는 방식으로 새로운 수입원을 창출하고 관객 수도 대폭 증가시켰다.

2009년 한 해에만 이런 방식으로 전 세계 1,200여개 극장에서 오페라가 상영됐다.[39] 오페라 공연을 외면했던 젊은 층이 손쉽게 공연을 접할 수 있도록 극장에서 오페라를 볼 수 있다는 새로운 차원의 핵심 과제를 정했기 때문에 메트로폴리탄 오페라단은 부활의 날개를 달 수 있었다.

비고객에서 통찰을 얻은 스즈키의 사례도 흥미롭다. 스즈키 오사무 스즈키 사장은 1970년대 후반 대기오염 규제 강화에 발맞춰 신형 엔진 개발에 도전했으나 실패하고 말았다. 위기 상황에서 도요타가 기술을 전수해줘 겨우 신차를 개발하긴 했지만 경차 시장은 위축되고 있었고 대형 차를 만들 기술력도 부족해 고민하고 있었다.

하루는 스즈키 사장이 직원들과 술을 한잔 하기 위해 공장을 방문했다. 이곳에서 그는 상당수 직원들이 경트럭을 타고 출퇴근하는 것을 발견했다. 스즈키 사장은 곰곰이 따져보면서 경트럭이 매우 타당한 선택이었다는 생각을 했다. 당시 일본에서는 공장 근무 외에 농사를 함께 짓는 직원들이 많았고 남편이 출근하면 부인들이 경트럭을 이용해 장사하는 일도 많았기 때문이다.

그는 결국 경차에 상용차 요소를 도입하겠다는 과감한 결심을 하기에 이른다. 이런 취지에서 개발된 제품이 알토였고 1979년 출시된 이후 누적 판매 대수가 477만 대에 달하는 히트작이 됐다.[40] 스즈키는 경차를 이용하지 않는 비고객이 트럭을 이용한다는 사실을 발견했기에 경차를 생산하는 다른 경쟁자와 전혀 다른 차원의 핵심 과제를 선정할 수 있었다.

비고객에서 통찰을 얻어 혁신에 성공한 사례는 이외에도 수없이 많다. 경영학 사례 연구의 고전 중 하나인 저가 항공사 사우스웨스트는 비행기를 이용하지 않는 자동차 이용자들이 선호하는 가치(저렴한 가격, 스케줄 조정 용이성, 목적지까지 직접 도달하는 편리성)를 제공하기 위해 비용을 낮추고, 정시 출발을 지켰으며, 지방 공항을 이용해 목적지에 쉽게 갈 수 있도록 한 모델로 성공했다.

닌텐도는 복잡한 대작 게임을 즐기지 않는 대부분의 소비자를 위해 아주 쉽고 편하게 즐길 수 있는 게임기를 만들어 시장을 장악했으며, 태양의 서커스도 서커스장에 오지 않는 비고객들 가운데 다양한 예술 공연을 감상하는 사람들이 많다는 점에서 영감을 얻어 서커스에 예술을 결합한 모델로 성공했다. 비고객들이 비고객인 이유, 비고객들이 어떤 행동을 하는지, 비고객들이 어떤 대안을 찾는지와 이들 대안이 주는 가치가 무엇인지를 탐구하다 보면 다른 경쟁자와 전혀 다른 새로운 '차원'에서의 핵심 과제를 선택할 수 있다.

핵심 과제의 서술 방식

지금까지 새로운 '차원'의 핵심 과제를 찾는 방법론을 살펴봤다. 새로운 차원에서 핵심 과제에 대한 선별을 마쳤다면 이 단계를 잘 정

리하고 효과적으로 의사소통하기 위해 핵심 과제를 서술하는 방식
에 대해 고민할 필요가 있다. 해결해야 할 도전 과제인 핵심 과제를
잘 서술하면 전략적 방향에 대한 혼란을 줄일 수 있고 기업의 경우
조직원들에게 명확한 방향을 제시해 실행력을 높일 수 있다.

효과적인 핵심 과제 서술을 위한 3가지 원칙은 구체화, 단순화,
일반화다.

구체화 원칙은 '문제의 핵심 포인트를 분명하게 제시하라'는 것이
다. 회의 개선에 대한 문제의식을 가진 후 핵심 과제를 서술할 때
'회의 프로세스를 체계화해 효율성과 생산성은 높인다'는 식으로 포
괄적이고 애매하게 서술하면 도대체 어디서부터 어떻게 손을 대야
할지 누구도 알 수 없다.

만약 핵심 과제가 회의를 통한 새로운 아이디어 발굴 활성화라면
'직급과 상관없이 누구라도 자유롭게 아이디어를 제시할 수 있으며
고정관념이나 편견에 의해 제시된 아이디어가 사장되지 않도록 하
는 회의 운영 및 의사결정 체제 구축'으로 정할 수 있다.

스즈키가 핵심 과제로 트럭과 같은 경차를 만들기로 결심했을 때
'트럭과 같은 효용을 주는 경차 개발'로 핵심 과제를 정하면 트럭의
수많은 효용 가운데 어떤 효용을 의미하는지 파악하기 어렵고 다른
경차와의 차별화 포인트도 찾기 어렵다. 따라서 '출력이 낮아 유지
비와 세금이 적게 들면서도 많은 짐을 실을 수 있고 농업용으로도
활용할 수 있는 자동차 개발'과 같이 구체적인 과제를 제시하면 대
안을 찾는 데 도움이 된다. 이처럼 핵심 과제는 구체적인 포인트를

분명하게 적시해야 한다.

둘째로 길고 장황한 나열 방식을 멀리 해야 한다. 길고 장황해질수록 해석상 혼란이 가중될 수 있다. 많은 기업 CEO들이 한 페이지짜리 보고서를 좋아하는 것도 이런 이유에서다.

성공적인 기업과 그렇지 않은 기업을 판단하는 매우 간편한 방법이 있다. 해당 회사의 전략을 몇 문장 이내로 말할 수 있느냐의 여부다. 모든 직원들이 짧고 간단하게 같은 내용을 말한다면 좋은 성과를 내는 기업이라고 봐도 좋다. 길고 장황하며 지나치게 많은 내용을 담은 과제는 차별화도 어렵고 커뮤니케이션 과정에서 많은 오해를 초래할 수 있다. 한두 문장으로도 얼마든지 핵심 과제를 잘 설명하면서 의사소통할 수 있어야 한다.

셋째로 문제의 일반화가 필요하다. 여기서 일반화는 구체화와 모순되는 개념이 아니다. 프라이팬 요리 과정에서 문제를 개선하기 위한 핵심 과제를 서술할 때 '생선이나 고기를 뒤집을 때 기름이 튀지 않아야 한다'는 형태로 매우 특수한 상황만을 가정하면 대안을 찾기 위한 탐색의 범위가 제한될 수 있다. 요리 도구 등으로 대안이 한정된다는 의미다.

이 문제는 '재료의 손상 없이 양면에 열을 가하는 방법'으로 일반화시킬 수 있다. 이렇게 핵심 과제를 규정하면 재료에 손상을 주지 않고 열을 위아래로 가할 수 있는 분야로 대안을 확장하는 데 매우 용이하다. 특정 과제를 특수한 상황으로 국한시켜놓기보다 일반화시켜서 유사한 문제를 해결한 다른 분야의 아이디어를 접목해 문제를 해결하자는 게 창조형 모방의 핵심 취지다. 이를 위해서는 문제의 일반화가 반드시 필요하다.

새로운 핵심 과제 선정이 무조건 성공을 보장하는 것은 아니다. 새로운 핵심 과제는 가격 인하, 효용이나 편의성 증가, 고객의 불편 해소, 자긍심이나 만족감 향상 등 고객에 대한 명확한 가치 제안이 있어야 한다. 또 실현 가능성도 고려해봐야 한다. 지나치게 많은 비용이 들거나 현실적으로 달성하기 어려운 과제는 상업화 과정에서 여러 문제를 낳을 수 있다.

그리고 고객 가치를 높일 수는 있지만 이미 존재하는 다른 모델에 비해 가치를 제공하는 수준이 낮다면 상업적 성과를 낼 수 없다. 이 밖에 사회적 통념에 반하거나 법률적 논란을 가져올 소지는 없는지와 같은 것들도 새로운 차원에서의 핵심 과제를 선정할 때 반드시 검토해야 한다.

03 무엇을 모방할 것인가

모방 대상 탐색의 원칙

문제의식을 갖고 대상을 살펴보다가 새롭고 차별화된 핵심 과제를 발굴했다면 그 다음 단계로 해당 과제 해결에 도움을 줄 수 있는 모방 대상을 찾아야 한다.

'은행 지점을 방문한 고객들의 지루함을 없애고 즐거운 경험을 선물한다'는 과제를 선정한 움프쿠아 은행은 모방 대상으로 소매 업체들을 선정했다. 지루함을 느끼지 않고 즐거운 경험을 하는 곳을 조금만 고민해보면 스타벅스 같은 커피 전문점이나 백화점, 의류 매장, 대형 마트 등 소매섬이라는 사실을 쉽게 알 수 있다. 이처럼 앞 단계에서 핵심 과제가 잘 선정됐다면 이미 해당 문제에 대한 해결책을 갖고 있는 모방 대상을 찾기는 그다지 어렵지 않다.

하지만 여기서도 고정관념이 문제다. 은행이 스타벅스에서 무엇을 배울 수 있겠느냐는 고정관념이 자리 잡고 있다면 창조형 모방은 불가능하다. 만약 움프쿠아 은행이 이런 고정관념에 사로잡혀 있었다면 좋은 핵심 과제를 선정해놓고도 모방 대상을 동종 은행이나 증

권, 보험 업계 정도로 한정해 기존 은행보다 다소 편안한 느낌을 주
는 리모델링 정도에 그쳤을 것이고 지금처럼 좋은 성과를 내지 못했
을 수도 있다.

따라서 모방 대상 탐색 과정에서 동종 업계로 그 대상을 한정시키
는 것은 자칫 위험하기까지 하다. 실제 성공한 모방 사례들을 보면
다른 산업이나 역사는 물론이고 자연, 첨단기술, 심지어 배우자의
행동까지도 훌륭한 모방 대상을 삼아 혁신을 가져왔다. 과거의 학습
관행에 얽매여 모방 대상을 제한하는 것은 사고의 폭을 제한시켜 혁
신 가능성을 원천적으로 봉쇄하는 것이다.

전략 집단

가장 쉽게 찾을 수 있는 흔한 모방 대상은 경쟁자다. 시장에서 경쟁
자와 겨루다 보면 자연스럽게 서로가 서로를 모방한다. 한 회사가
새로운 아이디어를 제시하면 대부분은 금방 복제된다. 때문에 현명
한 기업들은 동종업계 경쟁자 가운데서도 다소 다른 전략을 취하는
전략 집단에 주목한다. 이마트 사례가 이를 잘 보여준다.

유통 혁명의 본고장은 미국이고, 그 주인공은 월마트다. '매일 최
저 가격everyday low price'이란 구호와 앞선 물류 시스템, 땅 값이 싼 교
외 지역에 매장을 설치하는 전략으로 월마트는 미국 유통 시장의 최
강자로 부상했다. 이마트는 설립 초기 이런 월마트를 벤치마킹했다.
창고형 매장을 만들고 박스채로 물건을 쌓아놓으면 소비자들이 직
접 물건을 꺼내 가는 형태였다. 하지만 미국에서는 폭발적인 반응을

일으켰던 이 방식이 한국 현실에서는 여러 문제를 낳았다. 물건이 어디 있는지 찾기도 힘들었고 제품에 대한 자세한 설명을 들을 수도 없었다. 한 단계 도약을 위해서는 다른 아이디어가 필요했다.

이에 이마트는 한국과 정서가 유사한 일본의 대형 마트로 눈길을 돌렸다. 이때 벤치마킹 대상은 일본 이토요가토였다. 이토요가토는 야채나 과일, 해산물, 고기 등 신선식품 판매에서 강점을 갖고 있었다. 이토요가토는 제품을 신선하게 보이게 하기 위해 매장 인테리어도 고급화시켰고 시식 코너를 운영해 소비자들의 관심을 모았으며 재래시장처럼 소리를 지르거나 박수를 치며 고객들의 눈길을 사로잡기도 했다.

이마트는 공산품 위주로 구성돼 있던 월마트 방식으로는 성장의 한계에 직면할 수밖에 없다고 판단하고 이토요가토 방식을 도입하기로 했다. 창고형 매장에 인테리어를 가미했고 다양한 신선식품을 확보했으며 시식 제도도 운영했다. 매장 위치도 월마트 방식에서 벗어나 과감하게 도심으로 전환했다.

이후에도 이마트는 멈추지 않고 성장하기 위해 새로운 모방 대상을 찾았다. 이번에는 영국의 유통업체가 대상이 됐다. 영국 업체들은 세계적으로 자체브랜드PL 분야를 선도해 귀감이 되었다. 이들의 자체브랜드 전략을 배우고 한국 현실에 맞는 부분을 이마트에 적용하면서 이들은 새로운 영역을 개척했다.

이마트는 지속적으로 다양한 유통업체를 벤치마킹하며 새로운 요소를 도입하기 위해 노력하고 있다. 예를 들어 매장에 병원이나 약국 등 편의시설을 마련한다거나 자체브랜드 제품을 세분화하여 저렴한 제품만 판매하는 것이 아니라 고급 제품을 선보인 것 등이 모두 여러 선진 유통업체들을 모방했기 때문에 가능했다.

이마트 사례가 주는 시사점은 눈에 보이는 경쟁사 한두 곳에만 집중해서는 안 된다는 점이다. 유통업체 내에도 서로 다른 전략을 추구하는 수많은 '전략 집단strategic group'들이 있다. 가격에 따라, 상품을 나눠 판매하는 차이에 따라, 취급하는 상품의 숫자나 종류의 차이에 따라, 수직적 통합을 통해 직접 제품 생산에도 관여하는지 아니면 순수 유통에만 집중하는지에 따라 전략집단을 구분할 수 있다.

보통 경쟁은 동종 전략집단에서 이뤄지는 사례가 많기 때문에 대부분의 기업들은 같은 전략을 추구하는 경쟁자의 움직임에만 관심을 기울이곤 한다. 하지만 이것은 협소한 의미에서의 경쟁에 불과하기에 이마트 사례처럼 지속적인 성장을 위해서는 완전히 다른 전략집단을 적극적으로 배우려는 노력이 매우 중요하다.

만약 생존의 위협을 준 전략집단이 있다면 해당 전략집단에 적개심을 품기보다, 오히려 모방의 대상으로 삼아 아이디어를 공급받는 원천으로 삼는 게 바람직하다.

유통 분야의 끝없는 혁신으로 가장 큰 피해를 본 업종으로는 재래시장을 꼽을 수 있다. 하지만 지척에 대형 마트가 들어서 있거나, 교통이 불편한 오지에 있어 사람이 찾기 힘들거나, 인구가 줄어 상권이 급격히 위축되는 등 극한의 상황에서도 혁신에 성공한 사례가 있다. 실제 DBR 제작진이 대표적인 재래시장 혁신 사례를 현장 취재하며 성공 요인을 분석해본 결과, 유통 혁명의 주역인 대형 마트나 백화점, 편의점 등의 다양한 가치 요소를 적절히 모방한 것이 재래시장에 사람들이 북적이게 만드는 핵심 요인 중 하나로 꼽혔다.

예를 들어 울산 수암시장은 대형마트나 백화점처럼 상품권을 도입해 지역 기업과 학교, 심지어 경쟁 관계였던 홈플러스에도 판매했다. 또 롯데마트의 '통큰 치킨'처럼 미끼상품으로 고객을 유인해 다른 제품을 사도록 하는 방법도 활용했다. 수암시장은 일부 품목에 60년 전 가격을 붙여 판매함으로써 소비자들의 관심을 끄는 데 성공한 것이다.

자양전통시장은 대형마트의 쾌적함과 편안함을 벤치마킹했다. 바닥에 황색 선을 그어 선 밖으로 물건을 진열하지 못하게 했고, 천막 지붕을 설치했으며 LED전광판에 조명 및 방송시설을 설치했다. 특히 재래시장의 치명적 단점 중 하나인 주차 시설에 신경을 썼다. 자양시장은 정부의 지원을 받아 주차장 건물을 만들어 낮에는 고객들이, 밤에는 지역 주민들이 사용하노록 했나. 주차상 1층에는 쇼핑 카트도 비치했다. 이처럼 위협을 준 전략집단을 원망하기보다 과감하게 모방을 시도한다면 위기를 기회로 삼을 수 있다.[41]

또한 새롭고 창의적인 아이디어를 공급하는 데에는 같은 전략집단보다는 다른 전략집단이 더 유용하게 작용하는 경우도 많다. 스포츠카를 주로 만들었던 포르쉐는 과감하게 SUV에 도전해 카이엔 브랜드를 만들어 성공했다.

불고기를 파는 한식 외식업체지만 아웃백스테이크 같은 양식 외식업체의 매장 구성, 서빙 방식, 맛의 표준화 등을 도입해 성공한 불고기브라더스도 좋은 사례다. 이들은 어느 매장에서나 같은 음식 맛을 볼 수 있도록 하기 위해 김치의 산도나 냉면 면발을 씻는 횟수까지 매뉴얼화했다고 한다.

다른 산업

해당 산업이 위기에 빠져 출구가 보이지 않을 때 시선을 다른 산업으로 돌리면, 신세계가 열린다.

앞서 네일아트 산업이 의료 산업을 모방해 혁신을 이뤄냈던 것처럼 다른 산업은 창조적 아이디어의 보고로 작용한다. 학계에서도 '산업간 혁신cross-industry Innovation'에 대한 관심이 높아지고 있다. 실제로 다른 산업을 통해 해당 산업의 고민을 해결한 사례도 점점 늘고 있다.

혁신을 주도하는 한국 기업으로 손꼽히는 현대카드는 모방 대상을 찾아 여행을 떠날 때 절대로 동종업계에는 가지 않는다는 원칙을 정했다. 창조적 영감이 다른 산업에서 나온다는 사실을 알고 있기 때문이다. 그래서 현대카드는 금융회사지만 신문사로, 호텔로, 생활용품 업체로 벤치마킹 여행을 떠난다. 서로 다른 업종의 가치요소 결합은 예술, 문학, 철학 등 서로 다른 영역이 결합해 르네상스 문명을 만든 '메디치 효과'처럼 창조 혁신의 원천이 될 수 있다.

여러 가전제품을 비교하며 살 수 있는 가치 제안을 하는 하이마트는 화장품 업체인 세포라와 닮아 있다. 제조업체별 대리점 체제가 유지되고 있는 대표적인 산업 분야가 전자, 그리고 화장품 업체였다. 이런 산업 환경에서 하이마트와 세포라는 모두 여러 제품을 한곳에 전시해 '품질과 가격을 현장에서 비교할 수 있다'는 가치 제안을 앞세워 고객들의 흥미를 유발했다. 다른 산업이지만 유사한 문제에 직면한 기업들은 이처럼 유사한 원리를 가진 해결책을 찾아내 혁신에 성공하고 있다.

'가구업계의 애플'로 불리는 허먼 밀러는 관찰을 통한 문제의식 발굴에도 탁월하지만 산업 영역을 넘어서는 모방이란 측면에서도 뛰어난 역량을 발휘하고 있다. 실제 이 회사는 편안한 의자를 만들겠다는 핵심 과제를 해결하기 위한 해결책을 의자 업계에서만 찾지 않았다. 신체를 편안하게 만들어주는 것을 핵심 목표로 삼은 다른 산업에서도 아이디어를 찾으려고 노력했다.

불편함을 느끼는 신체 부위를 편안하게 만들기 위해 엄청난 지식을 축적해온 산업이 있었다. 바로 신발 산업이다. 걷기나 뛰기, 또는 운동 시 무거운 체중을 김딩하머 혹사당하는 발을 위해 신발 업체들은 최첨단 기술을 개발, 신발 생산에 적용해왔다. 특히 격렬한 운동을 하는 동안 발을 보호해주는 스포츠화를 생산하는 업체들은 신체를 편안하게 만들어주는 분야에서 최첨단 노하우를 갖고 있다.

허먼 밀러는 바로 이 점에 주목했다. 그리고 편안함을 추구하는 의자 '미라mirra'를 개발할 때 나이키와 협업을 통해 나이키의 각종 기술과 노하우를 모방했다. 땀이나 공기가 잘 빠져나가도록 등판에 구멍을 내고 단단한 폴리머 받침을 사용했으며 몸의 형상을 기억하는 기술을 도입하는 과정에서 나이키가 축적해온 노하우에 큰 도움을 받았다.[42]

다른 산업의 아이디어는 비단 제품 개발이나 비즈니스 모델 수립에만 도움을 주는 것이 아니다. 조직 내부의 제품이나 서비스 제공 과정을 개선하는 프로세스 개선에도 결정적인 도움을 준다.

미국 신시내티 병원은 환자를 치료하는 과정에서 사소한 실수로 세균에 감염되는 등 부작용이 자주 발생한다는 점을 인식하고 이 문제를 해결하는 것을 핵심 과제로 선정했다. 의사나 간호사 등 의료진의 사소한 부주의가 면역력이 떨어진 환자에게 치명적 피해를 줄 수 있다는 점에서 문제의 심각성이 있다고 판단한 것이다.

병원 측은 이 문제를 해결할 대안을 다른 병원에서 찾은 것이 아니다. 그들은 항공사에서 해답을 찾아냈다. 항공사들은 조종사들이 이륙 직전 여유를 갖고 운항에 필요한 안전 조치를 취했는지 여부를 점검할 수 있도록 의무화했다. 신시내티 병원은 이들의 방식을 모방해 수술 혹은 치료에 임하기 전에 의료진들이 환자의 안전과 관련한 문제를 점검하는 시간을 갖도록 의무화했다. 이런 조치로 인해 이 병원의 세균 감염율은 무려 50%나 줄었다.

신세계 백화점 센텀시티점 역시 문제의 해결점을 의외의 장소에서 찾아낸 사례다. 부산의 복합 쇼핑몰 센텀시티는 쇼핑몰과 극장, 스파, 아이스링크, 서점 등 수많은 소매점들이 고객들을 맞이하고 있다. 그만큼 매장 관리도 복잡하다.

신세계는 효율적인 서비스를 위해 레저운영팀을 만들어 '회진 미팅'을 실시하고 있다. 의사가 환자의 상태를 점검하고 불만을 수렴하며 커뮤니케이션하는 수단인 회진을 파트너들과의 협력 수단으로 활용하고 있는 것이다. 이를 통해 파트너 업체들 간 공동 마케팅이 기획되고 고객 만족도를 높일 수 있는 다양한 아이디어가 제시되고 있다.[43]

이쯤 되면 다른 산업에서 모방 아이디어를 찾아야 한다는 원칙에는 동의하더라도, 산업의 종류가 워낙 많기 때문에 어디서부터 모방 대상을 찾아야 할지 막막할 수 있다. 이럴 때는 앞 단계에서 해결하기로 결정한 핵심 과제를 일반화시켜보면 어렵지 않게 훌륭한 모방 대상을 찾을 수 있다.

예를 들어 엘리베이터 업계에서는 육중한 엘리베이터를 들어 올리고 내리는 과정에서 강철 케이블이 반드시 필요하다. 하지만 강철 케이블의 두께가 굵어지면 힘은 더 좋아지지만 에너지 소비가 많아지고 제한된 엘리베이터 운행 공간의 활용도가 떨어진다는 단점이 있다. 강철 케이블의 문제점을 극복할 수 있는 내안을 다른 산업에서 찾으려면 문제를 일반화해 유사한 문제를 해결한 다른 업계에서 지식을 얻으면 된다.

엘리베이터 케이블의 문제를 일반화하면 '가볍고 얇아 에너지 사용량이 적고 공간 효율성이 높으면서도 무거운 물건을 잘 들어 올리는 케이블을 만드는 방법, 혹은 기술을 개발하는 것'이다. 이렇게 문제를 일반화하면 탐색 대상이 엘리베이터 업계 이외의 다른 분야로 크게 넓어진다. 대형 크레인이나 중장비 업체 등에서 사용하는 강철 케이블은 이 문제 해결에 큰 도움을 주지 못할 수 있다. 엘리베이터처럼 공간의 제약을 덜 받기 때문이다.

사고의 영역을 더 넓혀 일반화된 문제를 해결한 업종을 찾아보면 등산장비 업체가 눈에 들어온다. 등산장비 업체들도 엘리베이터 업체와 마찬가지로 가볍고 얇지만 무거운 중량을 잘 지탱하면서 사람이 휴대할 수 있어야 하기 때문에 공간 효율성이 높은 로프를 필요로 했다. 따라서 튼튼하면서도 다양한 형태의 로프를 발전시켜왔다. 독일 쉰들러 엘리베이터는 실제 산악인들이 많이 사용하는 아라미드aramid 로프의 원리를 응용해 여기에 탄소 섬유를 보강한 로프를 만들었고 동종업계 내에서 기술 혁신을 이뤄냈다.

수많은 생명을 살린 기술 중에서도 이처럼 전혀 다른 업종에서 원리를 도용해 발전시킨 사례가 있다. 프랑스 의사 스테판 타니에는 저소득층 산모들이 많이 찾는 시립병원에서 일하던 중 면역력이 약해 사망률이 높은 미숙아들을 살릴 수 있는 방안에 대해 고민했다. 그러던 그는 우연히 동물원에서 어린 병아리가 인공 부화기에서 생활하는 모습을 보고, 인공 부화기 제작자인 오딜 마틴을 설득해 미숙아에게도 적용할 수 있는 생명유지 장치를 만들게 됐다. 그전까지는 보통 미숙아 사망률이 평균 66%였는데, 타니에의 생명유지 장치를 사용한 이후 사망률이 38%대로 떨어졌다고 한다.[44]

인공 부화기가 미숙아 생존율을 높이는 데 결정적 역할을 했다는 사실이 무척 흥미롭다. 이와 같은 사례들은 문제 해결을 위한 탐색

대상을 기존 산업에서만 국한시켜서는 안 되는 이유를 너무나도 잘
보여준다.

시간과 공간 탐색

우리와 다른 시간과 공간을 탐색하는 과정에서도 훌륭한 모방 대안
을 찾을 수 있다. 시간과 공간을 가로지른 탐색은 과거 혹은 다른 지
역에서 이미 유사한 문제에 대한 해결책을 갖고 있기 때문에 사고의
축을 시간과 공간을 가로질러 확장시켜야 한다는 것을 의미한다.

현대 경영학계에서 뛰어난 경영 사례로 자주 연구 대상이 됐던 업
체 중 하나는 스타벅스다. 놀랍도록 빠른 성장과 독특한 경영 이념,
그리고 쇠락과 부활을 거듭하면서 스타벅스는 수많은 이야기를 남
겼다. 하지만 세상에 잘 알려지지 않은 스토리가 있다.

스타벅스는 공간 축을 가로지른 모방으로 성공한 기업이라는 사
실이다. 스타벅스 창업자 하워드 슐츠는 이탈리아 에스프레소 바의
분위기를 미국에서도 재현하고 싶다는 생각에서 창업을 하게 됐다.
그의 이런 전략은 이내 커피가 아닌 문화를 파는 것으로 발전했다.
이탈리아 에스프레소 바를 경험한 사람은 수없이 많았지만 대륙을
가로질러 다른 곳에서도 이런 분위기를 연출해보자는 의지를 갖고
실행한 사람은 슐츠가 유일했던 것이다.

제주 올레길을 만든 서명숙씨도 공간을 가로지른 모방을 통해 새
로운 지평을 열었다. 그는 프랑스 남부에서 시작해 피레네 산맥을
넘어 북부 스페인을 횡단하는 순례길인 카미노 산티아고를 걸으며

수많은 통찰을 느꼈다. 카미노 산티아고에서 그녀가 만난 사람들은 모두 고국으로 돌아가 순례 과정에서 느꼈던 행복감을 각자 나라에 전파하기로 약속했다고 한다. 그녀는 그 약속을 기키기 위해서라도 한국에 행복한 순례길을 만들어야겠다고 결심했다. 그리고 현재 한국의 수많은 사람들에게 한번쯤 가보고 싶은 곳으로 손꼽히는 제주도 올레길을 만들게 됐다.

공간 축은 무한한 모방의 원천을 제공한다. 특히 한국보다 앞선 경제력을 갖고 있는 나라들의 움직임을 잘 살펴보면 미래 한국 사회를 이끌 트렌드를 쉽게 파악할 수 있다. 오리온 사례가 대표적이다. 오리온이 신제품에 대해 고민하던 때에는 합성 첨가물 사용에 대한 우려가 커지면서 기존 과자류 제품의 성장세가 둔화되고 있었다.

오리온은 새로운 콘셉트의 제품을 찾기 위해 뉴욕 파리 런던의 가장 '핫'한 레스토랑을 찾았다. 과자업계의 틀에서 벗어나 레스토랑을 찾은 것도 독특하지만, 공간 축을 가로질러 트렌드를 선도하는 도시를 방문한 게 좋은 영감의 원천을 제공했다.

오리온 직원들은 선진국 도시의 레스토랑 탐방을 통해 두 가지 핵심 키워드를 찾아냈다. 바로 '천연 재료'와 '유기농'이었다. 이 키워드를 토대로 오리온은 합성 첨가물을 넣지 않은 천연 재료로 과자 '마켓오'를 만들었고 강원도 유기 낙농 인증을 받은 목장과 제휴를 맺으면서 신뢰성을 얻었다.[45]

빙그레도 일본 소비 패턴을 토대로 미래 트렌드를 예측해 큰 성공을 거뒀다. 빙그레는 일본 시장 조사를 하면서 과거 소득 수준이 낮았을 때에는 가격이 저렴하고 기능적으로 뛰어난 제품을 주로 찾았지만 경제력이 커지면서 가격이 좀 높더라도 더 좋은 품질을 갖고 있거나 친환경적인 제품을 선택한다는 사실을 알게 됐다. 이런 트렌드를 반영해 일본에서는 고가의 프리미엄 아이스크림이 시장을 장악하고 있었다.

이를 파악한 빙그레는 새로운 프리미엄 아이스크림 브랜드인 끌레도르를 출시했다. 특히 베스킨라빈스나 하겐다즈 등 기존 프리미엄 아이스크림 회사와 차별화를 꾀하기 위해 단독 매장을 내지 않고 일반 대형마트나 편의점, 슈퍼마켓 등에서 판매하는 제품으로 포지셔닝해 큰 성과를 거뒀다.[46]

소형 공기청정기를 만들어 세계 시장에서 선전하고 있는 에어비타의 이길순 대표도 평범한 가정주부로 생활하다 일본에 살고 있던 언니 집을 방문한 것을 계기로 창업을 결심했다. 그 집의 거실과 방에는 작은 공기청정기가 있었는데 휴대할 수 있을 정도로 작았다. 그녀는 이보다 더 작은, 아예 세계에서 가장 작은 공기청정기를 만들면 성공할 수 있으리라는 생각을 하게 됐다.[47]

남몰래 집을 팔아 창업 자금을 마련한 후 2년 만에 제품을 개발했고, 해외 시장에서 상품성을 먼저 인정받아 매출을 올리고 있다. 공기청정기는 무조건 커야 한다는 관념과 달리 '소형 공기청정기'라는 역발상을 가능케 한 일본 제품의 원리 모방이 핵심 성공 요인이었다.

공간뿐 아니라 시간 축을 가로지르는 모방 시도도 무한한 혁신을 낳을 수 있는 원천이다. 한국 소비재 시장에서 시간 축을 가로질러 성공한 상품 중 주목할 만한 것으로 여성용 한방 탈모샴푸 '려'를 들 수 있다. 이 제품은 동의보감의 처방을 근거로 해서 개발된 제품이다. 물론 동의보감 처방을 토대로 현대 과학을 접목한 것이지만 과거 여성들의 모발 관리에 도움을 줬던 재료들을 토대로 현재의 시대 상황에 맞게 제품 개발이 이뤄지자 상업적 성공을 거뒀다.

문화 콘텐츠 산업에서는 시간 축을 가로지른 모방을 통해 성공한 사례가 주기적으로 등장한다. 복고풍의 영화나 음악, 역사를 소재로 한 드라마, 과거의 향수를 파는 콘텐츠 등이 모두 이런 사례에 속한다. 〈친구〉〈써니〉〈건축학개론〉 같은 영화나 최근의 세시봉 열풍이 모두 같은 맥락에 속한다.

시간과 공간을 탐색하며 모방을 구상할 때에도 지식 재산권에 대한 사항은 늘 주의해야 한다. 공간 축을 가로질러 모방 대상을 정했을 때 지식 재산권으로 보호받고 있는 자산의 겉모양을 모방한다면 법률 소송에 휘말릴 가능성이 있다. 시간 축 모방에서도 지식 재산권을 가진 사람이 생존했거나, 아니면 사후 보호 기간 중에 있을 때 유사한 문제가 발생할 수 있다. 따라서 시간 축과 공간 축을 가로지르는 모방에서는 지적 재산권 보호 문제를 고려해야 한다.

자연의 원리

자연은 오래전부터 예술가 및 문인들에게 무한한 영감의 보고 역할을 해왔다. 이것은 모방가에게도 마찬가지다. 자연은 환경과의 적응

과정에서 살아남기 위해 직면한 문제들에 대한 많은 해답을 찾아냈다. 수많은 동물과 식물들은 경쟁과 진화, 자연 선택의 과정 속에서 무수한 문제 해결의 보고를 확충해왔다. 다만 사람들은 자연이 찾아놓은 해답을 잘 알지 못할 뿐이다.

기적의 사과를 만든 주인공인 일본 농부 기무라 아키노리 씨를 생각해보자. 그는 화학비료나 농약을 사용하지 않고 사과를 수확하겠다는 대담한 도전에 나섰지만 실패를 거듭했다. 과수원의 잡초를 깨끗하게 베고 손으로 해충을 잡아냈으며 다양한 종류의 유기농 비료를 뿌려가며 정성을 기울였지만 사과나무는 갈수록 시들해졌다. 사과나무를 붙잡고 한없는 사랑과 애정을 표시했는데도 반응이 없었다. 한번은 토양을 건강하게 하는 데 콩이 좋다는 이야기를 듣고 과수원에 콩을 재배하기 시작했는데, 비둘기가 와서 콩을 다 먹어버렸다. 좀 더 깊게 심었더니 콩은 잘 자랐지만 시들한 사과나무에는 여전히 생기가 돌지 않았고 종래에는 과수원이 콩밭으로 변했다.

6년간 고생은 고생대로 한 후 전 재산을 날리고 사과 재배에 실패한 그는 결국 자살을 결심했다. 그는 비장한 마음으로 밧줄을 들고 산에 올랐다. 적당한 나무를 골라 밧줄을 던진 순간 너무 세게 던진 나머지 밧줄이 멀리 날아갔다. 밧줄이 떨어진 곳에 가보니 사과나무가 있었다. 자연 상태의 숲속에 건강한 사과나무가 있다는 사실에 그는 산에 오른 이유도 잊고 나무를 쳐다봤다.

나중에 알고 보니 이 나무는 사과나무가 아니라 참나무였다고 하는데, 몇 년간 사과나무에 몰입했던 그의 마지막 착각이 그를 살린 셈이다. 어쨌든 그 사과나무는 너무나 건강하게 잘 자라고 있었다. '농약과 화학비료 없이도 이렇게 잘 클 수 있는 비결은 무엇일까?' 주변 땅을 만져보니 푹신하고 촉촉했다. 그 순간 기무라씨는 깨달음을 얻었다.

지금까지 그는 나무 위만 바라봤다. 뿌리가 묻힌 땅 쪽을 생각해본 적이 없었다. 그는 자신의 과수원도 산과 같은 상태의 토양을 만들어주면 성공할 수 있으리라는 확신을 가졌다. 그리고 잡초를 보이는 대로 없앴던 게 패착이었음을 깨달았다. 이후 그의 과수원은 무성한 밀림이 됐다. 놀랍게 사과나무는 생기를 찾았고 썩지 않는 기적의 사과가 만들어졌다.

기무라씨가 그토록 찾아 헤맸던 방법은 영농서적에 있지 않았다. 집 근처 산에 있었다. 다만 그것을 보지 못했을 뿐이다. 자연은 이미 오래전에 해답을 찾아놓고 그 방식대로 오랜 시간 묵묵히 우리 곁을 지키고 있었다. 인간이 이를 파악하지 못해 자연의 원리를 모방의 대상으로 삼지 못했을 뿐이다.

자연을 모방한 것 중 빼놓을 수 없는 것이 벨크로다. 쉽게 붙였다 뗄 수 있기 때문에 의류나 가방, 장갑, 신발 등 다양한 생활용품에 널리 사용되는 벨크로는 붙였다 뗄 때 '찍'하는 소리를 내기 때문에 '찍찍이'로도 불린다. 벨크로는 스위스의 한 발명가가 등산 후 옷에 달라붙어온 식물의 씨앗을 보고 호기심이 발동해 그 원리를 찾아내면서 상품으로 발전했다.

식물은 널리 씨앗을 퍼뜨려 종족을 번식하려 한다. 그러기 위해 씨앗의 형태는 바람에도 잘 날리고 동물의 털에도 잘 달라붙어 멀리까지 이동할 수 있고 적당한 번식처에 다다르면 손쉽게 떨어질 수 있도록 진화했다. 이 구조가 생활에 유용할 수 있다는 인간의 생각에 벨크로가 개발됐고, 추운 곳에서 장갑을 끼고도 쉽게 탈부착을 해야 하는 스키복이나, 정교하게 손을 사용하기 어려운 유아들을 위한 용품 등에서 사용되다 점차 이용이 확대됐다.[48]

또한 자연은 무수한 과학적 발명의 원천이 되고 있다. 병원에서는 수술 도중 흐르는 피를 굳히기 위해 한 방울에 무려 30만 원이나 하는 고가의 접착제를 사용하고 있다고 한다. 인체의 대부분이 수분으로 이루어져서 물에서도 강한 접착력을 발휘하는 제품은 가격이 매우 높다고 한다.

이에 카이스트 이해신 교수는 더 값싸고 효율적인 의료용 접착제를 개발하는 과제에 도전했는데, 핵심 아이디어는 자연에서 찾았다. 바로 홍합이다. 파도가 쳐도 떨어지지 않는 홍합의 원리를 이용하면 물이 많은 환경에서도 탁월한 접착력을 유지할 수 있는 접착제를 개발할 수 있을 것이란 생각에서였다. 실제 문헌 소사를 해보니 홍합 실 하나가 12.5kg이나 들어 올린다는 사실을 알게 됐고, 이 분야의 연구를 지속해 인공 접착제를 개발했다. 그의 연구는 세계적인 잡지에 발표돼 미국 NASA로부터 발명가상을 받기도 했다.[49]

카이스트 박태관 교수도 좀 더 길게 만들 수 없는 단점을 가진 탄소나노튜브의 문제를 해결하기 위해 홍합을 활용했다. 홍합의 접착력을 활용해 탄소나노튜브의 길이를 늘리고, 홍합이 파도에 흔들리지 않고 바위에 붙어있도록 만든 끈적끈적한 물질을 찾아내 탄소나 노튜브를 길게 늘여도 끊어지지 않는 방법을 찾아냈다. 그의 이런 연구 결과는 세계적으로 유명한 과학 잡지에 소개되기도 했다. 술안 주 정도로만 여겨졌던 홍합이 인간이 직면한 많은 문제를 해결하는 아이디어의 원천이 된 것이다.

반도체 공장에도 자연을 모방하여 문제를 해결한 사례가 있다. 반도체를 제조하는 공정은 다양한 기판들이 움직이며 이뤄지는데, 이 기판을 집게나 정전기로 흡착해 이동한다. 하지만 이 과정에서 집게나 정전기가 미세한 부품의 표면을 손상하게 할 수 있다는 문제가 있었다.

이런 문제에 대한 해결책은 게코 도마뱀에서 나왔다. 게코 도마뱀은 미끄러운 유리벽도 잘 기어오르고 천장에 거꾸로 매달려 있기도 한다. 도마뱀이 떨어지지 않고 잘 매달려 있는 것은 수많은 미세 털들이 아무리 매끈한 물체라도 표면을 끌어당기면서 유리벽도 자유자재로 기어 올라가고 천장에서도 매달려 있게 만드는 데 있다. 이런 방식으로 반도체 장비를 옮기면 집게를 이용하거나 정전기를 이용할 때에 비해 부작용이 거의 없다. 서울대 서갑양 교수팀은 도마뱀의 원리를 이용해 반도체 등의 이송장비를 개발했다. 도마뱀의 발바닥 섬모를 완벽하게 모방해 산업이나 의료 분야의 다양한 용도로 활용하게 된 것이다.[50]

자연의 활용은 다방면에서 훌륭하게 이뤄지고 있다.

더 효율적인 비행기 날개 설계를 위해 까치의 날개 원리를 모방하거나, 초소형 저전력 휴대폰 카메라를 설계하기 위해 나비가 작은 힘으로 큰 회전력을 유지하는 동시에 빠르고 큰 회전력을 만들어내는 원리를 이용하거나, 바퀴벌레의 껍질이 기름에 전혀 영향을 받지 않는다는 점을 감안해 그 원리를 이용한 장갑을 만들어 기름이 묻어 있는 공장에서 활용하거나, 거미줄의 원리를 이용해 가볍고 탄력이 높은 섬유를 개발한다. 또한 상어 비늘이 마찰을 줄이는 원리를 비행기 날개에 응용하거나, 전복 껍질의 원리를 응용해 강도 높은 세라믹을 개발하거나, 북극곰 발바닥의 원리를 응용해 얼음에서 미끄러지지 않는 등산화를 개발하는 등 자연은 수많은 발명과 신제품의 혁신 아이디어 원천이 되고 있다. 자연이 무한한 문제 해결의 보고라는 사실을 이해하고 적극적으로 자연 속에서 대안을 모색하면 인류의 문제를 획기적으로 해결할 수 있는 놀라운 혁신 아이디어를 얻을 수 있다.

첨단 과학기술

진동 산업분야에 종사하는 사람들은 자신들이 첨단 과학기술과는 거리가 있는 분야에서 일한다고 생각할지 모른다. 하지만 첨단 과학기술자들이 도전했던 과제들은 수많은 산업에 응용될 수 있는 탁월한 아이디어의 원천이 된다. 예를 들어 최첨단 기술을 개발하고 활용하고 있는 대표적인 기관이 미국의 NASA다. 우주 항공 분야의 기술이 실생활과는 동떨어져 있는 것으로 보이지만, 실제로는 미국의 혁신적 상품 아이디어는 NASA에서 나온다는 말이 있을 정도로 우

리 실생활에는 항공우주과학 분야에서 활용된 기술을 응용한 상품
들이 수없이 많다.

화재경보기는 우주정거장에서 일어날 수 있는 화재를 예방하기
위해 NASA가 개발한 것을 민간에서도 응용한 것이며 주택 단열재
도 대기와의 마찰열을 줄이는 데 사용되던 기술이 응용된 것이다.
정수기, 수경재배 등도 모두 극한의 우주 환경에서 인간이 생존하기
위해 개발된 기술을 응용한 것이다.[51]

일반인에게 많이 알려진 NASA발發 혁신의 대표적인 사례는 형
상합금 브래지어다. 형상합금은 원래 NASA가 지구와 교신하기 위
해 아폴로 11호에 장착한 안테나 기술에서 유래했다고 한다. 이 안
테나는 달 표면의 온도가 되었을 때 완벽한 파라볼라 안테나로 변
하는데, 평소 우주공간을 여행할 때에는 접혀져 있어 편리하게 휴
대하다가 일정 온도가 됐을 때 펴져서 제 역할을 한다. 이 기술을
활용해 와코루 사는 여성 속옷을 만들어 큰돈을 벌었다. 또 스키어
들이 착용하는 신발도 우주복에 활용하던 기술을 모방했다. 극한
의 환경에서 우주인들이 생존하려면 온도를 일정 수준으로 유지하
면서 행동하기도 편리해야 한다. NASA연구팀은 고리 형태의 구조
로 자유롭게 움직이는 뱀의 원리를 모방해 고리 형태의 우주복을
만들었고, 이 원리는 다시 고리 모양을 연결한 듯한 모습을 가진 스
키복의 신발로 이어졌다. 스키 안경에 쓰이는 성애 방지 안경 도료
도 NASA에서 우주선 및 우주복에 사용하던 도료를 응용한 것이
다.[52]

NASA의 첨단 기술이 이처럼 다양한 생활용품에 자주 활용되고 있는 이유는 일상생활보다 훨씬 더 힘든 극한의 환경에서 생존해야 하는 도전과제가 주어져 있기 때문이다. 형상합금 기술의 경우 초기에 설정한 브래지어의 모양을 복원할 경우 착용 시에 항상 같은 모양을 유지해준다는 점에서 과거 제품에 비해 한 차원 높은 해결책을 제시해준다고 볼 수 있다. 또 성애 방지 기술도 지구 환경에 비해 우주에서의 환경이 훨씬 더 가혹하기 때문에 지구상에서 개발된 어떤 기술보다 더 경쟁력을 가질 수 있다.

NASA의 사례에서 알 수 있듯이 해당 분야와 전혀 상관없는 다른 분야의 과학기술 연구 결과들로부터 획기적인 아이디어를 얻을 수 있다. 친환경 세제를 출시해 좋은 성과를 내고 있는 슈가버블의 사례도 다른 분야의 아이디어가 생활용품에 적용된 사례다. 슈가버블을 만든 그린케미칼은 원래 산업용 탈지제(기름을 제거하는 물질)를 만들면서 기술을 축적한 업체다. 제철소 등에서 강판 표면을 세척하는 물질을 개발하며 기름 제거와 관련해서 기술을 쌓아왔다.

이 회사의 소재준 사징은 우연히 사탕수수 원료가 세제로 사용될 수 있다는 이야기를 듣고 기술 개발에 돌입했다. 기름을 제거하는 기술을 이미 확보하고 있었기 때문에 사탕수수라는 친환경 재료로 세제를 개발하면 생활용품 분야에서도 두각을 나타낼 수 있다고 판단한 것이다. 결국 이 회사는 친환경 세제 개발에 성공했다. 산업 분야에서 활용되는 탈지제 기술의 기반이 생활용품에서도 얼마든지 활용될 수 있다는 것을 보여준 사례로 의미가 있다.

첨단 과학기술 분야로 모방 대상을 확장하기 위해서는 문제의 일반화가 반드시 필요하다. '스키장에서 스키복의 기능성 강화'와 같이 특수한 분야로 문제를 한정하면 해당 분야의 해결책을 찾기가 무척 어렵다. 하지만 '체온과 온도 차가 큰 상황에서 보온성과 활동성 강화'와 같은 형태로 문제를 일반화해 서술하면, 유사한 문제를 해결한 다른 산업이나 첨단 과학기술 분야의 문제해결책을 모방할 수 있는 길이 열린다.

그린케미칼 사례나, NASA의 수많은 연구원들 사례처럼 이미 확보한 첨단기술을 토대로 일상생활에서 큰 가치를 창출할 수 있는 분야를 찾을 수 있고, 원천 기술을 응용한 신제품을 개발해 시장을 창출하는 것도 얼마든지 가능하다.

사람들의 행동, 습관

다양한 창조형 모방 사례를 조사해보니, 의외의 혁신 아이디어 원천을 발견할 수 있었다. 바로 부인이나 여자 친구 등 배우자들이 창조형 모방의 원천이 돼 위대한 혁신을 불러온 사례가 많았다. 이른바 '배우자 주도형 혁신spouse-driven innovation'이라고 부를 만하다. 앞서 소개한 이베이 창업 스토리도 특이한 캔디통을 모은 여자친구의 취미가 큰 역할을 했던 것처럼 라면이나 자동차의 백미러 등 인류의 삶을 바꾼 혁신 아이디어의 결정적 원천을 배우자가 제공한 사례가 많았다.

윤생진 전前 금호그룹 전무의 혁신 사례를 보면 유독 부인의 내조가 컸음을 알 수 있다. 타이어를 제조하는 과정 중에는 유약이 사용된다. 보통 유약은 분말과 혼합해 사용한다. 일반적으로 통에 유약을 넣고 분말을 투입한 뒤 큰 막대기로 서서히 저으면서 유약과 분말을 혼합시켜 타이어 표면에 도색을 한다. 문제는 유약과 분말을 혼합하는 과정에서 30분 이상이 걸리고, 자칫 막대기로 젓는 과정에서 유약이 넘쳐흐르면 배합 비율이 맞지 않아 품질 불량을 일으킨다는 점이다.

그는 이 문제를 해결하기 위해 고민하다가 아내가 커피를 타는 모습을 보고 머릿속이 환해지는 느낌을 받았다. 아내는 커피믹스를 먼저 넣고 뜨거운 물을 나중에 넣은 다음 스푼으로 저었다. 흘러넘칠 일도 없고 분말과 액체도 훨씬 빨리 섞였다. 아내가 커피를 타는 것처럼 유약 혼합 과정의 순서를 거꾸로 해보니 유약과 분말을 섞는 데 걸리는 시간이 30분에서 15분으로 단축됐고, 가동률은 5%나 증가했으며 비율이 맞지 않아 생기는 문제도 원천적으로 사라졌다.

그는 또 현장 근로자 가운데 작업량을 계산하는 스위치를 조작하는 사례가 많다는 문제의 해결에도 도진했다. 일부 근로자들이 휴식을 취하거나 퇴근을 빨리 하기 위해 작업이 끝난 타이어의 숫자를 세는 스위치를 인위적으로 조작하곤 했던 것이다. 해결책을 모색하던 중 하루는 부인이 아이들이 장난감을 더 이상 갖고 놀지 못하게 하려고 높은 선반 위에 올려놓는 모습을 보고 아이디어를 얻었다. 타이어 숫자를 세는 스위치를 작업자의 손이 닿지 않는 높은 곳에 설치해 원천적으로 문제를 해결한 것이다. 공장의 동료 직원들에게는 매우 불편한 소식이었지만 생산성 향상에는 큰 도움이 됐다.

이외에도 가장 가까운 사이나 다름없는 배우자가 혁신 아이디어를 제공한 사례는 많다. 라면을 개발한 사람은 일본 닛신식품의 안도 모모후쿠 회장으로 알려져 있다. 그의 라면 개발 스토리는 지금까지 설명한 창조형 모방의 방법론과 잘 부합한다. 그는 사업에 망한 후 재기하는 과정에서 이제 막 전쟁이 끝난 시기의 일본인들이 국수를 먹기 위해 포장마차에 길게 줄을 선 모습을 보고 문제의식을 느꼈다.

당시 피폐해진 경제상황 속에서 일본인들은 먹을거리가 부족했고, 그나마 원조로 받은 밀가루를 이용한 국수 요리로 끼니를 때워야 했다. 그는 오랜 시간 밖에서 기다리는 사람들의 불편을 덜려면 집에서도 편안하게 국수를 먹을 수 있게 해야겠다는 생각을 했다. 이를 위해 여러 대안을 생각했다. 국수는 말은 후에 포장마차에서 바로 먹어야 하기 때문에 사람들이 길게 줄을 설 수밖에 없었다. 이 점을 파악한 그는 젖은 면을 말려서 팔면 집에서 보관하기도 쉽고 아무 때라도 물에 끓여서 간단하게 조리해먹을 수 있을 것이라고 생각했다.

그는 젖은 면을 말려서 보관해도 썩지 않고, 요리하기 편하게 만드는 것을 핵심 과제로 삼았다. 1년간 이런저런 시도를 하며 방법을 궁리했다. 하지만 번번이 실패했다. 결정적 아이디어는 의외로 부인에게서 나왔다. 그는 부인이 튀김 요리를 하는 것을 보고 뛸 듯이 기뻤다. 1년 동안 고민했던 해결책이 튀김 요리에 있었음을 깨달았기 때문이다. 면을 기름에 튀기면 보관하기도 쉽고 나중에 뜨거운 물만 부으면 쉽게 다른 요리를 할 수 있으리라 생각했고 실험에 돌입했다. 예상대로 기름에 튀겼더니 면의 수분이 급격히 빠져나가면서 면 내부에 구멍이 생겼고, 이 면을 말리자 꽤 오래 보관이 가능했으며, 물을 붓고 잠깐만 끓이면 면 내부의 구멍에 물이 들어가 쉽게 요리할 수 있었다.

그는 이 방법을 '유열 건조법'이라고 이름 붙였다. 이후 꾸준한 연구 덕에 라면이 출시됐는데 물을 넣고 끓이면 2분 만에 먹을 수 있는 신기한 제품으로 알려지면서 일본 전역을 강타했다. 또 한국 등 동양 문화권에서 폭발적인 반응을 보이며 현재는 보편적인 음식으로 자리 잡았다. 모모후쿠 회장은 히트제품 출시 이후에도 지속적으로 문제의식을 가졌고 끓이지 않고도 뜨거운 물만 부으면 먹을 수 있는 컵라면, 우주 비행사가 먹을 수 있는 스페이스 라면도 개발할 수 있었다.[53]

과거에는 자동차에 백미러가 없었다. 믿기 힘들겠지만 백미러도 창조형 모방 사례에 속한다. 과거에는 자동차 경주를 할 때 사람이 두 명 타고 있었다고 한다. 한 사람은 운전을 하고 다른 한 사람은 뒤쪽을 바라보며 상황을 설명하면서 자동차에 문제가 생겼을 때 정비도 담당했다.

미국에서 가장 인기 높은 자동차 경주이면서 엄청난 상금이 걸린 '인디500'에 출전한 레이 하룬은 지방 대회 우승 경력을 가진 B급 레이서에 불과했다. 하지만 그는 반드시 우승을 거머쥐고야 말겠다는 생각에 과감하게 1인승 차를 제작했다. 무게를 줄여서 속도를 더 높이기 위해서였다. 하지만 문제는 도통 뒤를 볼 수 없어 레이싱에 불리한 것은 물론이고 위험하기 짝이 없다는 점이었다.

이 문제를 해결하기 위해 골몰하던 레이 하룬은 아내가 화장거울을 사용하는 것을 보고 아이디어를 얻었다. 거울을 통해 뒤를 볼 수 있다면 얼마든지 상황 대처가 가능했다. 그는 가로 20cm, 세로 8cm의 거울을 운전대 앞에 장착해 뒤에 오는 차량의 상황을 가늠하면서 운전을 할 수 있었다. 결국 그는 레이스에서 우승을 차지했고, 세계 최초로 자동차 백미러를 만든 사람으로 역사에 남게 됐다.[54]

배우자가 혁신의 원천이 되는 것은 배우자들이 특별한 혁신 아이디어를 가졌기 때문은 아니다. 그들이 혁신가들의 주변에서 가장 자주 목격되는 인물이기 때문이다. 따라서 배우자로 인해 혁신 아이디어를 얻은 사례를 오해하여 현재의 배우자에게 아이디어를 내놓으라고 아무리 닦달해봐야 소용이 없다. 배우자들은 평소와 마찬가지로 일상생활을 하면 된다. 혁신가가 문제의식을 갖고 핵심 과제를 잘 선정한 다음 과제 해결에 몰입해야 배우자의 행동에서 혁신 아이디어를 찾을 수 있는 것이다. 만약 혁신가가 제대로 된 핵심 과제를 선정해 해결책 찾기에 골몰하고 있다면 배우자 이외에 주변사람 누구라도 혁신 아이디어의 원천을 제공할 수 있다.

일반인들의 행동이 중요한 혁신 원천이 된 사례 역시 수없이 많다. 에버랜드의 사례를 보면 일반인들의 행동 패턴에 대해 고민해보는 게 얼마나 큰 도움을 주는지 알 수 있다. 현재는 수많은 사람들이 찾는 에버랜드 역시 과거에는 고민거리가 있었다. 여름철 더운 날씨에 내방객 숫자가 뚝 떨어지는 게 문제였다. 여름철 고객 입장에서는 에버랜드를 선택하지 않을 충분한 이유가 있었다. 무더운 날씨에 넓은 야외 공간을 걸어 다녀야 하는데 이게 만만치 않은 일인 것이다.

봄철에 비해 한여름 비수기에는 고객 숫자가 절반 정도로 줄어들자, 에버랜드 직원들은 일반인들이 한여름에 어떤 활동을 하는지 고민했다. 자료를 찾아보니 에버랜드가 성수기로 여겼던 4~5월에는 여행과 레저를 즐기는 이들이 5,200만 명인 반면, 에버랜드가 비수기라고 생각했던 한여름(7~8월)에는 무려 7,200만 명의 사람들이 여가를 즐겼다. 즉, 에버랜드 입장에선 비수기였던 여름철이 관광업 전체로 보면 오히려 성수기였던 셈이다.

에버랜드 직원들은 일반인들이 이 시기에 어디를 가는지 관찰했다. 답은 어렵지 않게 찾을 수 있었다. 이들은 해변이나 계곡처럼 물이 있는 곳을 주로 찾았다. '물'로 승부를 보자는 아이디어가 자연스럽게 나왔다. 해외 유명 놀이공원들 가운데 물을 주제로 축제를 연 경험도 모방했다. 아이디어를 발전시키는 과정에서 적당히 물을 뿌려주는 데 그치지 말고 아예 '물 폭탄'을 퍼붓기로 했다. 물론 사전에 휴대전화 등을 보호할 수 있는 비닐을 나눠주기로 했다. 고객들의 행동에서 영감을 얻은 이 아이디어는 여름철 내방객을 늘리는 효과를 가져왔을 뿐만 아니라 전반적인 고객만족도까지 높이는 성과를 얻었다.

골치 아픈 문제도 사람들의 행동을 유심히 관찰하면서 해결책을 모색할 수 있다. LG전자 연구원들은 '트롬 스타일러'를 개발하면서 옷을 걸어두면 자연스럽게 주름이 펴지도록 하는 기술을 개발하고 있었다. 온도나 습도를 조절하는 등 다양한 해결책을 시도해봤지만 만족할 만한 결과가 나오지 않았다.

해결책은 일반인의 행동 속에서 나왔다. 많은 사람들이 빨래를 한 후 옷을 말리기 전에 탈탈 턴다. 이런 행동은 실제 주름을 펴는 효과가 있었다. 따라서 LG전자 연구원들은 '진동'을 주면 옷이 펴질 것이란 가설을 세우고 적절한 진동 주기를 찾아냈고 결국 제품 개발에 성공했다.

소비자의 행동은 당초 예상과 다른 용도로 제품을 개발시킬 수도 있다. 화장지의 대명사 클리넥스는 본래 킴벌리클라크에서 여성들이 화장을 지우면서 콜드크림을 닦아내는 화장솜 용도로 개발한 제품이다. 하지만 사람들이 클리넥스를 활용해 코를 푸는 것을 보고 '일회용 손수건'이라는 콘셉트로 제품을 출시해 성공했다.

이 제품은 또한 소비자의 행동에서 아이디어를 얻은 기막힌 마케팅으로 상업적 성공까지 거두게 됐다. 당시 많은 소비자들은 감기에 걸렸을 때 손수건으로 코를 푼 후 주머니에 넣고 다녔다. 이런 행동을 보고 킴벌리클라크는 '주머니에 감기를 넣고 다니지 마세요Don't carry a cold in your pocket'라는 문구로 시장을 장악한 것이다.[55]

음료 시장은 치열한 경쟁이 펼쳐지는 레드오션 시장 가운데 하나다. 새로운 콘셉트의 제품이 수시로 출시되며 시장의 주도 상품군을 바꿔가는 모습은 가히 IT업계를 방불케 한다. 최근 가장 주목받았던 음료 시장의 트렌드 중 하나는 옥수수 수염차를 선두로 한 곡물차의 부상이었다. 이런 움직임을 주도한 옥수수 수염차 역시 소비자의 행동에서 아이디어를 얻었다.

광동제약의 제품 개발자는 우연히 방문한 친척 집에서 뜻밖의 행운을 얻었다. 친척이 이뇨작용에 도움을 준다며 옥수수 수염차를 다려먹는 모습을 보고 아이디어를 얻어 제품 개발에 돌입한 것이다. 주변에 물어보니 옥수수 수염차가 이뇨작용에 효능이 있다는 것을 아는 사람들이 적지 않았다. 이내 제품의 효능에 대한 일반인들의 인식이 확산돼 있다는 점을 근거로 '부기를 뺄 수 있어 얼굴을 V라인으로 만들어준다'는 마케팅 포인트를 잡았다. 일반인의 행동에서 아이디어를 얻어 개발된 이 제품은 음료 시장의 초대형 히트 상품 가운데 하나로 기록됐다.

시장의 특징을 잘 모르는 해외로 진출할 때에도 사람들의 행동을 모방하는 것은 강력한 혁신 수단으로 작용한다. LG전자는 중국 세탁기 시장에 진출했는데 초기 진입에 적지 않은 어려움을 겪있다. 그런데 시장에 안착하기 위해 중국 소비자들이 세탁기를 어떻게 사용하는지 조사해보니 특이한 점을 발견할 수 있었다. 대부분의 소비자자들이 빨래를 할 때 항상 소독을 먼저 하는 것이었다.

알고 보니 황사가 심한 중국은 공기 중에 먼지가 많기 때문에 빨랫감을 미리 소독하는 관습이 생겼다. 다행스럽게 중국에서는 이런 소비자들의 욕구를 반영한 제품이 없었다. 이후부터 일사천리로 중국 현지인들의 입맛에 맞는 세탁기 개발 작업이 진행됐다. 소독제를 투입할 수 있는 별도의 통로를 만들고 소독을 세탁 코스에 추가했으며 대표적인 소독제 생산업체인 데톨과 제휴 마케팅을 실시하면서 소독에 대한 높은 수준의 욕구를 가진 중국인들을 공략해 성공적으로 시장에 안착할 수 있었다.

일반인의 의식적, 무의식적 행동에서 혁신 아이디어를 찾기 위해서는 남다른 관찰력이 필요하다. 무의식적인 소비자의 행동 하나하나를 놓치지 않고 의미를 찾아낼 줄 아는 관찰자가 되도록 노력하라. 여기에 문제 해결에 대한 의지가 결합돼야 한다.

일상 용품

우리가 일상생활에서 사용하는 모든 물품들은 혁신 아이디어의 결정적 원천이 될 수 있다. 생활 속에서 흔히 발견할 수 있는 물품들은 저마다의 용도로 나름의 기능을 갖고 있다. 이런 기능들은 특정한 문제를 해결하기 위해 만들어진 것이고, 이는 다른 유사한 문제에도 얼마든지 창의적 영감을 줄 수 있다.

그런데 일상적인 물건들을 혁신에 활용하는 것은 말처럼 쉽게 이루어지지 않는다. 생활용품을 혁신 아이디어로 활용하는 데 결정적 걸림돌로 작용하는 것은 앞서 살펴봤던 기능적 고착이다. 특정 제품의 기능이 고착돼 있는 우리의 무의식적 판단은 일상용품을 위대한 혁신 아이디어로 연결시키는 데 치명적 걸림돌로 작용한다.

기능적 고착을 없애는 좋은 방법 역시 문제 해결에 대한 강한 의지다. 윤생진 전무의 혁신 사례 중 하나가 이를 웅변한다. 그는 타이어를 제조할 때 컨베이어 벨트를 타고 이동하는 과정에서 가끔씩 바닥으로 떨어지는 사고를 해결하기 위해 고민하고 있었다. 무게가 많이 나가는 타이어가 바닥으로 떨어지면 인명 사고로도 연결될 수 있었다. 평평한 원통형 모양의 롤러 위를 움직이는 타이어가 바깥으로 빠져나가기 않게 하기 위해 컨베이어 벨트에는 지지대가 설치됐다. 문제는 지지대가 가끔 고장이 나 타이어가 밖으로 빠져나간다는 점이었다.

지지대를 강화하거나 주변에 울타리를 설치하는 등 다양한 방법을 고민해봤지만 비용이 많이 들거나, 문제를 근본적으로 해결하지 못하는 임시방편에 그쳤다. 하지만 눈에 보이는 모든 것을 자신이 고민하는 문제와 연결시키는 장점을 가졌던 윤생진 전무는 새로운 아이디어를 발견했다.

그에게 기막힌 아이디어를 준 것은 다름 아닌 아이스크림이었다. 휴식 시간에 그는 동료들과 원뿔형 아이스크림을 사서 책상 건너편에 있는 동료에게 전해주기 위해 아이스크림을 굴렸다. 그런데 아이스크림은 원뿔형 모양이어서 똑바로 굴러가지 않고 원형을 그리며 다른 쪽으로 굴러갔다. 그는 이 상황을 보며 아이디어를 얻었다.

원뿔 모양을 그대로 굴리면 다른 쪽으로 굴러가지만 만약 원뿔 모양의 롤러를 고정시켜놓는다면 타이어가 다른 쪽으로 가는 것을 막을 수 있겠다는 생각을 한 것이다. 그리고 원뿔 모양의 아이스크림 두 개를 붙여놓은 형태의 롤러를 만들면 절대 타이어가 밖으로 굴러

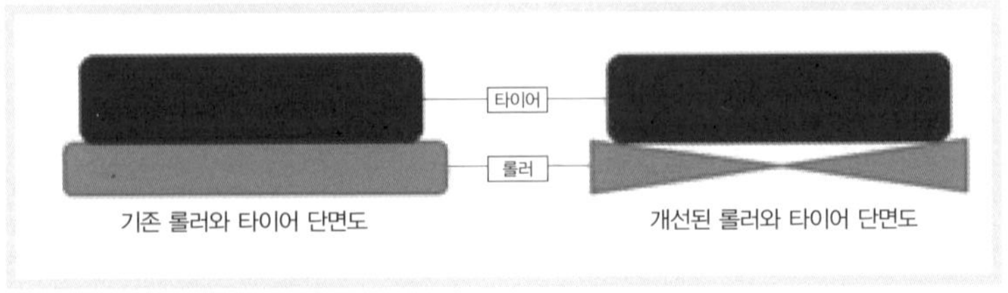

기존 롤러와 개선된 롤러 개념도

나가지 않을 것이라는 생각을 했다. 직접 실험을 해봤다. 타이어는 일렬로 기막히게 직선을 그리며 컨베이어 벨트를 따라 똑바로 전진했다. 주변에 설치해야 했던 지지대는 더 이상 필요가 없었다. 가장 이상적인 최고의 문제 해결책을 찾아낸 것이다.

아이스크림이란 사물은 수많은 '차원'으로 생각해볼 수 있다. 예를 들어 맛, 온도, 질감, 정서적 느낌 등 무수히 많은 차원으로 아이스크림의 특징을 요약할 수 있다. 그는 이러한 수많은 차원 가운데 원뿔 형태의 '모양'에 주목했다. 대부분의 동료들은 아이스크림을 보면서 맛이나 정서적 만족감 등을 떠올렸지만 그는 남들과 달리 독특한 '차원', 즉 아이스크림의 '모양'을 떠올리며 새로운 아이디어를 만들어냈다.

이 사례는 우리 일상에서 흔히 접하는 사물을 통해 얼마든지 문제의 해답을 얻을 수 있다는 시사점을 준다. 어떤 물건이든 수많은 다른 '차원'들을 갖고 있으며, 이런 다양한 차원들에 대해 통찰하다 보면 고민하고 있는 문제의 해답을 찾을 수 있다. 이를 위해서는 핵심 과제에 대한 고민을 늘 멈추지 않아야 한다. 핵심 과제에 대해 고민하면서 특정 사물을 봤을 때 그 사물이 가진 여러 차원 가운데 해당 문제와 관련이 있는 차원을 개발하고, 이를 토대로 자신의 문제 해결책을 구상하면 의외로 쉽게 본질적인 문제가 해결될 수 있다.

이 과정에서 기존 카테고리, 선입견, 기능에 대한 고정관념을 타파해야 한다. 자동차 바퀴를 생각해보자. 자동차 바퀴의 원리는 표면을 둥글게 만들어 무거운 물건을 적은 힘으로도 옮길 수 있다는 점이다.

"바퀴가 자동차를 굴리는 용도로만 사용되어야 할까?"

만약 이런 생각을 갖고 있다면, 자동차 바퀴는 전혀 다른 혁신의 원천이 될 수 있다. 'Q드럼'이 대표적이다. 물이 부족한 아프리카에서는 물을 운반하는 일이 고된 노역이다. 교통이 발달하지 않았기 때문에 대부분의 주민들은 무거운 물통을 짊어지고 힘겹게 이동해야 한다.

특히 여성이나 어린아이들이 몇 시간을 걸어 물을 길어 와야 하는 경우가 많다. 물을 나르는 단순한 일에 건장한 청년의 노동력을 활용하기 힘들기 때문에 주로 여성이나 아이들이 물 운반을 담당한다. 하지만 상대적으로 힘이 약한 여성과 아이들이 짊어질 수 있는 물의 무게는 고작해야 10리터 정도다.

한 디자이너는 이 문제에 대해 오래 전부터 고민해왔다. 그리고 바퀴에서 해답을 찾아냈다. 바퀴는 우리의 일상에서 적은 힘으로 무거운 물건을 옮기는 데 최적의 해결책을 제공했다. 만약 바퀴를 좀 더 두껍고 크게 만든다면 얼마든지 물통의 형태를 띨 터였다.

바퀴의 원리를 물통에 결합한 Q드럼을 끌고 가는 아프리카 아이들

바퀴가 자동차만 굴린다는 기능적 고착에서 벗어나고, 물통이 네모난 모양이어야 한다는 고정관념에서 벗어난 결과는 큰 감동을 안겨주었다. 아이들이 무려 75리터의 물을 쉽게 옮길 수 있게 됐기 때문이다. 그만큼 물을 옮기는 데 들어가는 시간과 공력이 줄어들었기 때문에 아이들은 물을 옮기고 남는 시간에 학교에 다니며 공부를 할 수 있었다.

일상에서 흔히 보는 피아노를 계단에 설치하면 어떻게 될까. 이런 시도 역시 좋은 문제의식에서 나왔다. 사람들은 에스컬레이터와 계단이 함께 있을 때 주로 에스컬레이터를 이용한다. 건강을 생각하거나 환경을 위한다면 계단을 이용하는 것이 더 바람직하다. 하지만 당장 눈앞에서 편안함을 주는 에스컬레이터의 유혹을 뿌리치는 사람은 많지 않다.

'어떻게 하면 사람들이 더 재미있게 계단을 이용할 수 있을까?'

폭스바겐 광고를 대행하는 DDD스톡홀름은 폭스바겐 블루모션 모델의 친환경성을 홍보하기 위해 계단 이용을 장려하는 내용을 광고로 만들기로 했다. 이 광고대행사는 피아노의 형태를 모방했다. 계단마다 피아노 건반을 설치해, 계단을 오를 때 마치 피아노를 연주하는 것처럼 소리가 나도록 한 것이다. 이렇게 피아노 모양의 계단을 설치하자 계단 이용자가 급증했다.

이 아이디어는 칸 광고제 사이버 부문 그랑프리를 차지했고 폭스바겐은 소비자들에게 환경 문제를 진지하게 고민하는 기업이라는 이미지를 심어줄 수 있었다. 이 사례는 피아노 표면의 양상을 다른 맥락에서 모방한 이식형 모방에 속한다. 하지만 이처럼 전혀 새로운 맥락에서 가치 요소를 결합하면 파급 효과가 커진다.

피아노를 계단과 연결시킨 창의력 역시 문제의식이 없었다면 이런 과감한 조합을 생각해내기 어려웠을 것이다. 이들이 가졌던 문제의식은 "재미있는 것은 사람들의 행동을 변화시킬 수 있다"는 것이었다.

이들은 이런 문제의식에 토대를 두고, 휴지통에 쓰레기를 넣으면 소리가 나게 해 쓰레기통 주변에 쓰레기가 무질서하게 버려지는 행동을 막는 캠페인을 벌이기도 했다. 또 과속을 막기 위해 과속한 차량을 단속하는 게 아니라 규정 속도를 지킨 차량의 사진을 찍어서 로또처럼 복권에 당첨시키면 과속하는 사람이 훨씬 줄어들 것이란 아이디어를 제시하기도 했다. 쓰레기통 문제는 악기를, 과속 차량 문제는 로또를 모방했는데 이 모두 훌륭한 문제의식에 기인했다고 볼 수 있다.

실패의 역모방

경영학 사례들은 주로 성공한 것들을 위주로 분석한다. 하지만 기업의 생존율은 극히 낮은 수준에 머무르고 있다. 5년 이상 생존할 확율이 20%에 불과하다는 조사 결과도 있다. 5년 이상 생존율이 20%면 치사율이 높은 암 환자의 생존율과 비슷하다. 다시 말해 기업을 창업한다는 것은 심각한 암에 걸린 상태에서 생존에 도전하는 것과 유사하다고 볼 수 있다. 그만큼 우리 주변에서는 성공보다 실패를 훨씬 자주 목격할 수 있다.

모든 사람들이 실패를 피하고 싶어 하지만 사실 실패는 기업이 성장하고 발전하기 위한 학습에 크게 기여한다. 실제 궤도위성 발사와 관련한 연구 결과를 보면, 성공보다는 실패가 조직의 학습에 기여하는 바가 훨씬 큰 것으로 나타났다.

대표적인 사례가 컬럼비아호와 아틀란티스호의 발사다. 두 번 모두 단열재가 떨어져나는 사고가 발생했다. 하지만 아틀란티스호는 성공적으로 임무를 마쳤다는 평가를 받았고, 컬럼비아호는 폭발이란 비극이 발생해 완전히 실패했다는 평가를 받았다. 이후 NASA의 대응은 극명하게 갈렸다. 컬럼비아호의 실패에 대한 조사는 빠르게 진행됐지만 아틀란티스호 사고의 원인에 대해서는 제대로 된 조사가 거의 이뤄지지 않았던 것이다.

그러자 몇 개월 뒤에 이뤄진 컬럼비아호 발사에서 똑같은 문제가 발생했다. 그리고 불행하게도 이번 단열재 사고는 우주왕복선 폭발로 연결됐다. 이후 NASA는 무려 4,000페이지 분량의 보고서를 발행했으며 29개의 개선점을 찾아냈다.[56] 비슷한 유형의 사고였지만 성공으로 규정되는 순간, 성공의 과정 중에서 발생한 모든 문제가 뒤덮이는 것이다.

하지만 컬럼비아호 사고처럼 실패를 겪고서도 철저하게 분석하고 역모방에 나서는 사례는 많지 않다. 역逆모방이란, 문제를 일으키거나 성공의 걸림돌이 되는 요인을 파악해 그와 반대로 행동을 하거나 사전 조치를 취해 문제를 없애는 것을 의미한다. 하지만 대부분 기업에서 실패는 부인denial되고 만다. 누구라도 자신이 실패했다는 것을 인정하지 않으려 하기 때문이다. 덕분에 실패라는 거대한 학습 자산이 사장되고 있다. 문제는 이렇게 실패 자산이 축적되지 않다 보면 아틀란티스호의 문제점이 컬럼비아호의 폭발로 이어지듯, 더 큰 재앙이 찾아올 수도 있다는 점이다.

인간은 누구나 실패한다. 어떤 조직도 실패하지 않는 조직은 없다. 위대한 혁신가 혹은 위대한 기업은 실패를 자산으로 만들 줄 안다. 반면 실패를 감추고 부인하는 기업은 자신의 운명을 운에 맡겨야 하는 처지에 놓인다. 실패를 역모방의 원천으로 삼고, 여기서 교훈을 얻으려는 적극적인 자세가 필요한 이유다.

실패를 자산화해서 성공한 사례를 보면서 역모방의 메커니즘을 살펴보자. 카트라이더는 국민적 인기를 한몸에 받은 온라인 게임이다. 소셜네트워킹 서비스로 승승장구하던 싸이월드가 이용률 저하로 어려움을 겪으면서 원인을 찾아봤더니 많은 사람들이 카트라이더에 열광하느라 싸이월드 이용 시간이 줄어들었다는 분석이 나올 정도였다. 이처럼 큰 인기를 모은 카트라이더지만 이 역시 두 번의 실패를 역모방해 탄생하게 됐다. 게임의 개발자인 넥슨 정영석 본부장은 카트라이더 개발 전에 한 번은 완전한 실패, 또 한 번은 절반의 실패(혹은 절반의 성공)를 경험한다.

첫 번째 완전한 실패는 '비트댄스'라는 게임이다. 리듬에 맞춰 춤을 잘 추면 점수를 얻는 게임이었다. 이 게임은 '내부 허들(게임 개발을 더 진행할지 말지를 결정하는 단계별 장벽)'에 걸려 2년여에 걸친 노력이 수포로 돌아갔다. 더 개발해봐야 가능성이 없기 때문에 미리 접자는 판단이 내려진 것이다. 누구라도 이런 실패를 할 수 있다. 하지만 이런 실패 원인을 제대로 분석하면 언제라도 성공할 수 있고, 그렇지 않으면 영원히 실패자로 남는다.

정 본부장은 당시 실패 원인을 냉철하게 분석했다. 첫째는 개발자의 능력 부족이었다. 아무리 초기 전략이 좋아도 이를 실행할 능력을 갖춘 인물이 없다면 성공할 수 없었다. 둘째는 주변 환경과의 조화였다. 당시 인터넷 통신망 환경과 컴퓨터 사양에 비춰봤을 때 '비트댄스' 게임은 너무 높은 수준을 요구했다. 일부 사용자만 게임을 즐길 수 있었다는 얘기다. 셋째, 지속적으로 흥미를 유발하지 못한 콘텐츠의 문제였다. 사용자들이 노래 한 곡을 배우는 데에는 1주일이면 충분했다. 하지만 노래 하나에 걸맞는 율동을 개발하는 데 1주일이 넘게 걸렸다. 따라서 서비스가 이뤄진다고 해도 이용자들은 급속히 흥미를 잃을 게 뻔했다.

이렇게 실패 요인을 분석하면 역모방을 통한 시사점을 얻을 수 있다. 첫째, 역량 있는 개발자와 팀을 꾸려야 한다. 둘째, 주변 인터넷 및 컴퓨터 환경에 적합한 게임을 개발해야 한다. 셋째, 질리지 않고 지속적으로 흥미를 갖고 게임에 몰입할 수 있도록 철저히 사전 준비를 해야 한다.

쓰라린 실패의 교훈을 얻은 정 본부장은 게임 실패에 대한 인사 조치로 다른 사람이 주도하는 프로젝트에 참여하게 된다. 여기서 그는 절반의 성공을 목격했다. 그가 참여한 프로젝트는 BnB라는 게임을 개발하는 것으로 물 폭탄을 던지는 매우 단순한 구조를 갖고 있었다. 동네 오락실에서 인기를 얻은 단순한 게임을 온라인화해 만드는 것이었다. 당시만 해도 리니지나 스타크래프트처럼 대작 게임이 유행하던 시절이었는데, 놀랍게도 BnB는 출시 후 큰 인기를 얻었다. 하지만 시간이 지나면서 접속자 수가 줄어들었고 수익도 시원치 않았다.

성공 및 실패 원인은 다음과 같았다. 성공 원인은 쉽고 간단한 게임이었다는 점이다. 당시 히트하던 대작 게임들은 시작 초기에 풀을 뜯고, 쥐를 잡아야 했다. 한 달 정도 시간을 집중적으로 투자해야 근사한 칼을 들고 제대로 된 플레이를 할 수 있었다. 따라서 이미 일정 시간을 투자해둔 사람들은 이런 게임에 열광했지만, 시간 투자를 하지 못한 나머지 대부분은 비고객으로 남았다. 대작 온라인 게임의 비고객들은 BnB의 간단하고 단순한 내용에 열광했다. 따라서 초기에 큰 성공을 거둘 수 있었다.

그러나 시간이 지나면서 게임 열기가 시들해졌다. 초기 성공이 수

익으로 연결되지 못한 이유는 이 게임의 성공 요인과 관련이 있다. 누구나 쉽게 즐길 수 있는 만큼 싫증도 쉽게 난 것이다. 대작 게임들은 매번 새로운 과제가 등장해 도전하고자 하는 의지를 북돋우지만, 물 폭탄을 던지는 BnB는 일정 시간 이상이 지나면 질려버린다. 사전에 이에 대한 대책을 세우지 못한 게 절반의 실패를 가져온 이유였다. 또한 초기 성공 이후 수익 모델도 제대로 마련하지 못했다.

한 번의 성공과, 다른 한 번의 절반의 성공 원인을 분석한 시사점을 그대로 반영해 개발한 게임이 바로 카트라이더다. 우수한 인력을 모았고, 인터넷 환경을 감안해 게임 내용을 결정했으며, 질리지 않도록 미리 흥미로운 요소를 지속적으로 업데이트할 계획을 세워뒀고, 대작게임과 달리 이용하기 쉽게 하면서도 질리지 않도록 새로운 요소를 추가했으며, 수익 모델도 사전에 치밀하게 준비했다.

이 가운데 다소 어려운 도전 과제라면, 이용하기 쉽게 하면서도 질리지 않게 해야 하는 모순적인 목표를 추구하는 것이었다. 하지만 이것도 얼마든지 극복할 수 있었다. 개별 요소들을 여러 개로 분리해 서로 다른 대응을 하면 된다. 즉, 레이싱은 누구나 쉽게 버튼 몇 개로 조작할 수 있게 했다. 반면 다른 요소, 즉 소리나 속도, 비주얼 등에 집중 투자했고 재미를 줄 수 있는 돌발 변수도 함께 만들었다. 지속적인 업그레이드 계획도 세워뒀다.

물론 완벽하지는 않았다. 카트 운전이 쉽기는 했지만 사람마다 게임을 즐기는 방식이 다르고, 배워가는 속도에 차이가 있었다. 모든 이용자들이 일률적으로 같은 코스와 같은 방법으로 경쟁하도록 하면 이를 싫어하는 소비자가 나올 수 있었다. 여기서 게임 개발자들은 유사한 문제를 해결한 다른 모방 대상을 찾았다.

스키장은 전혀 다른 산업 분야지만 이런 문제에 잘 대처해왔다. 스키어의 실력대로 초급자, 중급자, 상급자 코스를 개발해 모두가 즐겁게 스키를 탈 수 있도록 한 것이다. 카트라이더는 이 방식을 모방했다. 실력별로, 게임 방식별로 다양한 코스를 마련한 것이다. 개인 플레이를 좋아하는 사람을 위한 개인전, 팀플레이를 좋아하는 사람을 위한 팀전을 마련했다. 실력뿐만 아니라 운도 좋아야 이기는 방식과 함께, 운은 배제하고 실력만으로 승부하는 방식도 별도로 마련했다.

결론적으로, 한 번의 완벽한 실패와 절반의 실패가 카트라이더의 성공을 견인했다. 조직 차원에서 이 같은 역모방이 원활하게 이뤄지려면, 실패를 절대 부인하지 말고 일상적인 일로 받아들여야 한다. 또한 실패를 다음 성공을 위한 학습 계기로 만들어야 한다. 실패를 숨기거나 감추려는 순간 소중한 자산들이 사라져버리기 때문이다.

특히 '오명 씌우기stigmatization'가 벌어져서는 안 된다. 실패를 인정했다 하더라도 실패한 사람에게 오명을 씌우면 실패로부터 배우고자 하는 역모방은 불가능하다. 오명을 쓰게 될 게 뻔한 상황에서 실패 당사자는 변명하기에 급급할 것이고, 실패의 진짜 원인은 규명하기 어렵게 된다. 다행스럽게도 넥슨은 실패한 사람에게 오명을 씌우지 않는 문화를 갖고 있었다. 실패하더라도 다른 사람 밑에 가서 일정 기간 일을 하다가 또 다시 프로젝트 책임을 맡게 된다. 이

런 과정이 매우 자연스럽고 일상적인 일로 여겨져야 조직의 역모방
이 활성화된다.

비즈니스 모델

비즈니스 모델은 쉽게 설명하면 사업의 설계도나 청사진, 혹은 사업
의 작동 원리라고 해석할 수 있다. 원래 비즈니스 모델이란 용어는
경영계에서 자주 사용되지 않았다. 그런데 인터넷 세상이 열리고 나
서 기존 사업과 유사하지만, 온라인이라는 수단을 활용한 새로운 형
태의 비즈니스가 다양하게 나타나면서 비즈니스 모델이란 용어가
자주 쓰이게 됐다. 하지만 비즈니스 모델은 전략 혹은 전술과 혼용
되고 있다. 실제 학자들 간 비즈니스 모델에 대한 해석도 상이하다.

비즈니스 모델은 "어떤 방법으로 어떤 고객 가치를 창출할 것인
가" "비용 및 수익 구조를 어떻게 가져갈 것인가" "가치 창출을 위
해 조직을 어떻게 운영할 것인가"와 관련한 질문에 답할 수 있어야
한다. 비즈니스 모델의 구체적인 구성 요소로는 경영 저술가 알렉스
오스터왈더가 제시한 9가지 항목이 실무에 큰 도움을 준다.[57]

9가지 구성 요소는 고객 구분, 가치 제안, 판매처, 고객 관계, 핵
심 자원, 핵심 활동, 핵심 파트너, 매출 구조, 비용 구조 등이다. 똑
같이 책을 파는 업체라 하더라도 전통 서점과 온라인 서점은 표에서
보듯 전혀 다른 비즈니스 모델을 갖고 있음을 알 수 있다. 이처럼 유
사한 활동을 하더라도 전혀 다른 비즈니스 모델을 구축하면 혁신적
고객 가치를 제공할 수 있다.

전통 서점과 온라인 서점의 비즈니스 모델 비교

항목	전통 서점	온라인 서점
고객 구분	서점에 들른 사람들	인터넷 이용자
가치 제안	직접 눈으로 보며 책을 고르는 즐거움 책 내용 미리 볼 수 있음	저렴한 가격과 쉬운 검색 편리한 배송
판매처	오프라인 매장	온라인 웹사이트
고객 관계	종업원의 도서 탐색 서비스	자동화된 추천 서비스, 서평 서비스 등 고객과 공동으로 가치 창출
핵심 자원	오프라인 서점의 입지와 규모 등	브랜드 파워와 신뢰도, 네트워크 파워
핵심 활동	매장 진열, 직원들의 서비스	데이터 축적과 관리, CRM
핵심 파트너	서적 유통업체	IT서비스 지원 업체
매출 구조	도서 및 문구류 판매	도서 판매 외에도 매장의 제한이 없어 다양한 영역으로 매출 확대 가능
비용 구조	유형자산 중심의 비용 구조	무형자산 중심의 비용 구조

특히 표면의 양상이 아닌 이면의 원리를 복제하면 모방에 대한 로열티를 전혀 지불하지 않아도 된다. 예를 들어 9가지 비즈니스 모델 구성 요소 중 '매출 구조'를 살펴보자. 처음에는 많은 기업들이 단순 상품 판매로 매출을 올렸다. 그 기원을 정확히 알 수 없지만 누군가는 어떤 상품을 한번에 팔지 않고 빌려주는 대신 사용량, 혹은 일정 기간에 따라 사용료를 받기 시작했다. 임대나 렌트, 혹은 리스 모델의 출발이다.

이 모델은 몇 가지 장점을 갖고 있다. 고객 입장에서는 초기 목돈을 들일 필요가 없고 내 소유의 물건이 아니기 때문에 유지 및 보수 관련 비용을 따로 들이지 않아도 된다. 매우 고전적인 매출 구조 측면의 비즈니스 모델인데, 놀랍게도 현대에 들어와서도 이런 모델이 히트 서비스를 만드는 원천이 된다.

웅진코웨이가 외환위기 때 도산 위기를 넘길 수 있었던 것도 임대 모델 덕분이었다. 정수기는 가격이 비싸고 일정 기간마다 유지 및 보수를 해줘야 제대로 가치를 발휘하는 제품이다. 가격이 수백만 원대에 달하며, 제대로 관리하지 않으면 오히려 물이 더러워지면서 정수기로서의 가치를 잃는다. 사실 이런 점을 감안하면 원래부터 정수기는 판매보다는 임대가 훨씬 타당한 품목이라고 볼 수 있다.

하지만 이 업계 누구도 과거에는 임대 모델을 떠올리지 않았다. 망할 위기에 처한 웅진코웨이 사장이 임대라는 아이디어를 제시해서 실행했기 때문에 정수기 임대 모델이 세상에서 빛을 보게 된 것이다. 정수기 임대가 히트하면서 지금은 정수기뿐만 아니라 유지 및 보수가 필요한 다양한 생활용품 임대 사업이 활성화됐다.

물론 임대 사업이 꼭 같은 형태를 취할 필요는 없다. 임대 기간이나 지불 방식, 서비스 구조 등을 조금만 변형시켜도 또 다른 혁신이 나올 수 있다. 어차피 DVD를 빌려보는 것은 마찬가지지만 빌려보는 방식과 비용 지불 구조를 바꿔 성공한 넷플릭스 사례처럼 말이다.

'집카Zipcar'라는 회사도 임대 방식에 변화를 줘 새바람을 일으키고 있다. 자동차 임대는 매우 오래된 사업 모델 중 하나다. 하지만 이 모델에는 허점이 있었다. 계약을 하루 단위로 체결해야 하며 하루에 10km를 주행하든, 500km를 달리든 거의 같은 돈을 내야 한다. 이건 공정하지 않다는 문제의식을 가진 집카 설립자는 시간 단위로 차를 임대하는 모델이 훨씬 합리적이라고 판단했다.

하루 단위로 요금이 결정되는 렌터카 시스템에서는 서비스 이용자가 주로 장거리 이용 고객이었다. 이전까지는 출퇴근할 때 렌터카를 빌리는 사람이 거의 없었다. 비용이 많이 들기 때문에 차라리 택시를 타는 편이 경제적이었던 것이다. 하지만, 실제 이용한 시간 단위로 비용을 지불한다면 이야기가 달라진다. 가까운 곳에서 집카 차량을 쉽게 수령해서 쉽게 반납할 수만 있다면, 자가용을 사지 않고 집카를 선택하는 사람이 나올지도 모르는 일이다.

이런 예상은 적중했다. 이들은 가입비 25달러와 연회비 60달러를 내고 회원이 되면 차량 이용 시 시간당 7.5달러만 내면 되도록 가격 구조를 아주 단순화했다. 그러자 집카는 렌터카 시장에 혁명적 변화를 이끌며 폭발적인 인기를 모았다. 만일 사업을 구상하면서 단순 판매에만 매출을 의존하고 있다면 임대를 생각해보는 것도 하나의 방법이 될 것이다. 심지어 GE는 항공기 엔진도 임대했다.

만약 현재 임대 방식으로 매출이 발생하는 기업에 종사하고 있다면 새로운 구조의 임대 모델을 생각해보라. 이미 수많은 기업들이 이처럼 매출 구조를 바꿔 혁신을 모색했다. 이런 회사들의 원리를 모방하면 아이디어는 그리 어렵지 않게 만들어낼 수 있다. 다만 기존 관행에서 벗어나는 것을 꺼리는 고정관념이 문제다. 웅진코웨이 사장이 임대 모델을 제안했을 때 대부분 직원들은 회의적인 반응을 보였다. 불확실한 세상에서 새로운 아이디어는 항상 고정관념의 장벽에 부딪친다. 영역을 넘나드는 과감한 모방과 실행력으로 이를 극복해야 한다.

이번에는 핵심 활동 측면에서 비즈니스 모델 모방 사례를 살펴보자. 맥도날드의 비즈니스 모델 구성 요소 가운데 눈길을 끄는 것은 핵심 활동 측면에서 본 관점이다. 맥도날드의 주 수익원은 프렌치프라이다. 맥도날드는 신속하게 제조하면서도 균질한 맛을 내기 위해 프렌치프라이 제조법을 표준화시켰고 반복 훈련을 통해 숙달시켰다. 특별히 요리 경력이 없는 사람이라도 표준화된 방법에 맞춰 반복 훈련을 하면 맥도날드가 원하는 수준으로 프렌치프라이를 만들 수 있도록 한 것이다.

맥도날드가 이런 시스템을 도입한 이유는 무엇보다 저렴한 노동력으로 일정 수준 이상의 품질을 유지해 원가를 절감하고 고객들에게 가치를 제공하기 위해서다. 숙련된 요리사를 고용하지 않고도 저가 노동력을 활용해 일정 수준 이상의 품질을 유지하면서 수익에 기여할 수 있기 때문이다. 맥도날드의 이런 방식을 '패러스킬링 paraskilling(보조기능화)'이라고 부른다. 패러스킬링은 제조 공정이나 서비스 과정에서 필요한 기술을 쪼개서 매우 단순한 업무로 전환해 비숙련공들도 쉽게 해당 활동을 수행할 수 있도록 하는 것을 의미한다.[58]

패러스킬링은 겉으로 잘 드러나지 않는 이면의 작동 원리다. 맥도날드가 톡톡히 재미를 본 이 원리를 다른 분야에 적용시키면 위대한 창조형 모방 사례를 만들 수 있다. 특히 패러스킬링은 반드시 비용을 줄여야 경쟁력을 갖출 수 있는 사업 분야에서 유용하게 활용할 수 있다.

예를 들어 개발도상국 시장에서 패러스킬링은 매우 유용하다. 개도국 시장에서는 소비자들의 구매력이 매우 낮다. 때문에 구조적으로 고임금 전문직을 고용해야 하는 산업이라면 원가 부담 때문에 저소득층에 서비스하는 것이 원천적으로 불가능하다. 교육이나 의료 등이 대표적이다. 교육과 의료 모두 적어도 학사 이상의 학력을 가진 인력을 채용해야 양질의 서비스를 구현할 수 있다. 따라서 원가가 높을 수밖에 없고 타깃 고객은 소수의 구매력 있는 계층에 한정된다. 이런 문제를 극복할 때 가장 좋은 대안 중 하나가 패러스킬링이다.

이 방법을 잘 활용한 사례는 지안 샬라Gyan Shala 학교가 대표적이다. 이 학교는 인건비가 비싼 대졸자 중심으로 교수진을 구성하면 원가가 높아지는 문제점을 없애기 위해 고등학교 졸업자를 고용해 아이들을 가르치도록 했다. 소수의 대졸자 출신 교사는 아이들을 직접 가르치기보다 교수법을 연구하고 교육에 필요한 학습 도구를 개발해 고졸자 강사들에게 전수하도록 했다. 이를 통해 지안 샬라는 단 2주 만에 고졸자를 강단에 서게 할 수 있는 시스템을 구축했다. 또한 양질의 교육을 위해 매달 새로운 학습법을 전수했다.

결과는 놀라웠다. 우선 원가 절감 효과로 학비를 월 3달러 수준으로 낮췄다. 이는 일반 공립학교의 25%에 불과한 수준이다. 하지만 학업 성취도는 놀랍도록 높았다. 지안 샬라 학생들은 언어와 수학 등 주요 과목에서 일반 공립학교의 수준을 압도했다. 또 교육과 교재, 학습법 등이 표준화돼있기 때문에 다른 지역의 학교로 쉽게 이식할 수 있다는 장점도 있었다. 지안 샬라는 이런 장점을 앞세워

2000년에 학교를 설립한 이후 10년도 채 되지 않아 인도 전역에 400 개의 상의 학교를 설립할 수 있었다.[59]

인도에서는 의료 서비스도 교육과 마찬가지의 문제를 안고 있었다. 아라빈드 안과 병원Aravind Eye Care은 지안 샬라 학교와 유사한 방법으로 서비스 비용을 낮추면서도 품질을 높여 혁신을 이뤄냈다. 아라빈드는 매년 29만 명의 백내장 수술을 진행한다. 또 의사 한 명당 연간 수술 건수는 2,400건에 달해 인도의 다른 병원보다 6배나 많다고 한다. 수술 성공률도 높아 미국의 유명 병원이 벤치마킹을 해갈 정도다. 이 병원의 성공 비결은 고급 인력에 속하는 의사들이 최종 진단과 수술에만 참여하고, 나머지 활동들은 모두 저임금 채용이 가능한 보조 인력들에게 맡기는 전형적인 패러스킬링에 있었다.[60]

패스트푸드 업계의 맥도날드가 의료나 교육 서비스의 혁신에 기여한 것처럼, 비즈니스 모델의 모방은 업종과 분야를 막론하고 원가를 절감하는 동시에 품질을 높이는 강력한 혁신의 원동력이 될 수 있다.

비즈니스 모델을 모방하기 위해서는 구조에 대한 통찰이 필요하다. 겉으로 드러나는 모습이 아닌 비즈니스의 내부 설계도를 볼 줄 알아야 한다. 비즈니스 잡지에서 성공 사례를 다룰 때도 표면에 드러난 흥미로운 스토리에만 관심을 기울이지 말고 근본적인 사업의 설계도, 즉 비즈니스 모델 관점에서 바라보는 게 매우 중요하다. 그리고 해당 비즈니스 모델이 만들어진 배경이 무엇이고, 어떤 장점이 있는지, 우리의 비즈니스와 어떻게 연관시킬 수 있는지 등을 고민하면 전혀 새로운 해답이 나올 수 있다.

이를 위해서는 업종을 넘나드는 개방된 사고가 필요하다. 다시 한 번 강조하지만, 우리 사업을 바꿀 혁신 아이디어는 우리의 경쟁자가 아니라, 전혀 관련이 없는 다른 산업에서 나올 수 있다.

기타

지금까지 주요 모방 대상 10가지를 유형화한 내용을 소개했다. 하지만 이 10가지가 전부는 아니다. 사실은 우리가 접하는 모든 것이 모방 대상이 될 수 있다. 위대한 혁신가들은 전혀 관련이 없어 보이는 것을 연관 짓는 데 탁월한 능력을 갖고 있다. 예를 들어 예술작품이나, 인문학적 통찰까지도 영감의 원천으로 활용한다.

스티브 잡스가 인문학과 종교에 심취했다는 사실은 이미 유명해진 이야기다. 그가 개발을 주도한 상품들은 모두 이런 그의 심미안이 녹아 있다는 평가를 받고 있다. BMW의 디자인 수준을 한 단계 높였다는 평가를 받는 크리스 뱅글도 BMW Z4디자인에 대해 "선악과를 따먹고 부끄러워하는 이브의 모습을 담았다"고 말했다. 대부분의 사람들은 디자인 전문가가 아니어서 아무리 Z4모델을 들여다봐도 부끄러워하는 이브의 모습을 찾아볼 수는 없었다. 하지만 삼라만상이 모두 영감의 원천이 될 수 있다는 사실을 확인할 수 있는 사례다.

뉴욕매거진이 '뉴욕패션위크에서 주목할 디자이너 9인' 중 한 명으로 선정한 제일모직 정구호 디자이너도 평소 알고 지내던 한의사와 대화하던 중 인체의 신경 및 근육 조직을 모방한 작품을 만들겠다는 아이디어를 실행해 세계인들의 주목을 받았다. 소주 '처음처럼' 등 수많은 히트 브랜드를 작명한 브랜드 전문가 손혜원 크로스포인트 대표는 신영복 선생의 글귀 '처음처럼'을 그대로 모방해 소주 브랜드네임으로 활용했다.

앱솔루트 보드카는 예술가들이 앱솔루트 병으로 작품을 만들도록 후원해 브랜드 가치를 높였다. 베네통은 예술가의 파격적인 작품을 디자인에 활용해 세계적 명성을 얻었다. LG전자는 유명한 작품들을 냉장고나 에어컨 등의 가전제품에 부착해 인기를 얻었다. 제약업체 종근당은 두통약 가전업계의 아트마케팅을 모방해 두통약 펜잘의 포장지에 클림트의 그림 '아델 브로흐 바우어의 초상'을 인쇄했고, 판매량을 무려 165%나 상승시켰다.

이런 사례를 활용해 DBR의 표지와 스페셜리포트 시작 페이지에도 그달의 주제와 연관된 예술가들의 작품을 활용하고 있다. 이처럼 모방은 돌고 돈다. 새로운 아이디어의 원천을 찾아 애써 머리를 짜낼 필요가 없다. 남들이 이미 시도했던 방식을 내 분야로 가져오면 된다. 이런 면에서 혁신 아이디어를 내는 것은 매우 쉬운 일이다.

다만 생각을 조금 바꿔야 한다. 오늘 보고 듣고 접한 것들을 내가 고민하고 있는 분야에 적용해보려는 작은 시도만 있어도 누구라도 쉽게 혁신적인 아이디어를 떠올릴 수 있다. 구글의 창의성 원칙을 떠올려 본다.

'아이디어는 어디에서든 나온다 idea comes from everywhere.'

04 어떻게 모방할 것인가

재조합 선정을 하려면

광범위한 모방 대상을 탐색했다면 다음 단계는 여러 분야의 모방 대상 가운데 어떤 대상을 골라 어떤 방식으로 가치를 조합할지 결정하는 단계로 넘어가야 한다. 이 단계를 '지식, 기술, 가치의 재조합 방식'이라 명하고 싶다. 그 이유는 문제 해결의 본질이 슘페터가 지적한 대로 '재조합recombination'에 있다고 보기 때문이다.

기존 지식이나 기술, 가치가 새로운 맥락에서 만났을 때 혁신이 일어난다는 점은 앞에서 언급해온 내용이다. 그렇다면 중요한 강조점은 앞 단계인 '문제의식 → 핵심 과제 선정 → 모방대상 탐색 절차'를 통해 선정한 다양한 모방 대상 가운데 어떤 대상을 골라 어떤 방식으로 지식이나 기술 가치를 조합할 것인가 하는 문제가 남는다. 결국, 해결할 문제를 최종적으로 확정하는 단계다.

모방 대상 선정과 관련해 우선 고려해야 할 사항은 '정답은 없다'는 점이다. 예를 들어 텔레비전 개발자가 디자인 측면에서 아름답고 매력적인 제품을 만드는 것을 핵심 과제라고 선정했다면 모방 대상으로는 가구, 예술품, 아름다운 공연, 와인잔 등 수없이 많은 대안을 찾을 수 있다. 이 대안은 물론 아름답고 매력적이라는 핵심 목표에 부합해야 한다.

핵심 과제가 추구하는 원리와 잘 부합한다면 어떤 것이라도 대상이 될 수 있다. 삼성전자 보르도텔레비전은 와인잔을, LG전자 엑스캔버스 퀴담은 아름다운 서커스 공연인 퀴담을 모티브로 실제 제품을 개발했다. 이외에 아름답고 매력적인 어떤 것이라도 모방의 대상이 될 수 있다. 정답은 정해져 있지 않다는 얘기다. 유일한 하나의 해답이 있을 것이란 생각에서 모방 대상에 순위나 점수를 부여하는 것은 창의적 사고를 오히려 제한할 수 있다.

이처럼 유일한 정답이 없기 때문에 개인이나 조직의 상황과 역량, 그리고 더 열정을 갖고 실행할 수 있는 분야를 찾아야 한다. 또한 모방 대상 선정과 관련한 의사결정에 도움을 주는 몇 가지 가이드라인을 토대로 각 상황에 맞는 최적의 대안을 찾아낸다. 도움이 될 다섯 가지 사항을 정리해본다.

❶ **핵심 과제 해결책으로서의 적합성** : 가장 우선 고려해야 할 사항은 핵심 과제의 해결책으로서 얼마나 적합한지 여부다. 기존 제품과 차별화시킬 수 있는 포인트가 미적 요소에 있다는 판단을 하고도 모방 대상을 디자인에 신경 쓰지 않는 경쟁 제품이나 미적으로 제대로 평가받지 못하는 제품으로 삼는다면 효과를 기대할 수 없다. 따라서 적합성이 높으려면 모방 대상이 핵심 문제

해결에 실질적 도움을 주는지 여부를 판단해야 한다.

가령 병원에서 벌어지는 사소한 실수를 미연에 막아 환자들의 불필요한 감염이나 질병을 막겠다는 것을 핵심 과제로 선정했다면, 여러 모방 대상 가운데서 사소한 실수나 부주의가 큰 재앙으로 연결될 수 있는 산업이나 분야를 통해 모방 대상을 찾아야 한다. 즉, 모방 대상의 적합성이 높으려면 유사한 문제를 같은 수준, 혹은 그보다 더 심화하여 고민하는 분야인지 판단하는 것도 좋은 기준이 된다.

❷ **경쟁자와의 차별화 수준** : 모방 대상을 선정할 때 고려해야 할 또 다른 요인은 경쟁자와 얼마나 차별화되는지 여부다. 모방 대상을 선정했는데 경쟁사 제품이나 서비스와 거의 유사한 수준이라면 자원을 투입하더라도 큰 효과를 보기 힘들다.

옷을 만들어 파는 일의 귀재로 통하는 최병오 형지그룹 회장은 크로커다일 여성복 브랜드 판매 권한을 확보해 서울 중심부가 아닌 경기도 외곽지역에서 옷을 판매하기로 결심했다. 유동과 관련한 비용을 줄여 더 낮은 가격으로 판매하기 위해서다. 하지만 서비스만큼은 백화점 수준으로 제공하고 싶었다. 그래서 백화점에서나 접할 수 있는 코디 서비스를 모방했다. 코디 서비스를 접목해 옷을 잘 입을 수 있는 방법을 전수해주자 여성 고객들이 열광적으로 반응했다.[61]

당시 도심 외곽의 브랜드 매장에서는 이런 서비스를 기대하기 어려웠다. 따라서 형지의 결정은 경쟁자와 분명히 차별화되었다고 볼 수 있다. 경쟁자가 관심을 쏟지 않거나, 경쟁자와 자신의 입지를 확실히 차별화시킬 수 있는 모방 대상을 선정하는 것이 또 하나의 중요한 포인트다.

❸ **고객 가치** : 핵심 과제를 비교적 잘 해결하고, 경쟁자와 차별화 포인트를 마련했다 하더라도 고객에게 더 높은 가치를 제공하지 못하면 실패한다. 반대로 명확한 고객 가치가 있다면 통념상 받아들이기 힘든 모델도 얼마든지 성공할 수 있다.

잡지 사업은 전통적으로 독자에게 일정 기간(보통 1년이나 6개월) 구독료를 받고 책을 보내주는 비즈니스 모델을 유지해왔다. 이 사업 모델은 아주 오래된 전통을 갖고 있어서 잡지 사업을 하는 모든 사람들은 이런 모델을 의심 없이 받아들인다. 하지만 타임의 자회사인 맥하운드는 이 모델에 변화를 주기 위해 종류와 상관없이 원하는 제품을 원하는 수량만큼 마음대로 골라 살 수 있는 대형마트의 비즈니스 모델을 모방했다.

맥하운드는 무려 240개에 달하는 잡지들을 마음대로 골라서 구매할 수 있고, 구독 기간도 얼마든지 유연하게 선택할 수 있도록 했다. 기존 잡지 모델의 통념에서 크게 벗어나 있지만 선택권을 극대화한다는 확고한 고객 가치를 갖고 있기 때문에 성공적으로 안착할 수 있었다.[62]

인터넷에서 팔 수 없는 가장 대표적인 상품은 보석이다. 진품임을 확인하기 어렵고 디자인도 매우 중시되기 때문에 직접 눈으로 보지 않고 사는 사람은 거의 없을 것이다. 하지만 블루나일이라는 보석업체는 과감하게 다른 인터넷 쇼핑몰을 모방했다. 매장과 관리 직원에 대한 투자비를 줄이고 상품 가격을 낮추는 온라인 모델을 다이아몬드 판매에 적용한 것이다.

대신 철저한 보증 시스템과 배송의 안전성 보장 등을 통해 신뢰성을 높였다. 유통 과정에서 발생하는 비용이 줄어들자 가격은 30~40% 정도 낮아졌다. 놀랍게도 오프라인 매장을 가진 보석 업체에 비해 고객들의 평균 구매 단가가 두 배나 높았다. 온라인 판매점으로 출발한 지 10년이 채 안 됐지만 매출 규모로는 세계 3위 수준까지 올라섰다고 한다.[63] 낮은 가격과 신뢰성이라는 확실한 고객 가치가 있기 때문에 온라인 판매가 갖는 단점을 극복할 수 있었던 것이다. 이처럼 고객 가치가 확실하면 가장 모방하기 힘든 대상을 모방해도 얼마든지 성과를 낼 수 있다.

❹ **고객들의 수용도** : 고객에게 명확한 가치를 제공하더라도 실패하는 사례도 많다. 혁신적 제품이라 기대했지만 시장의 싸늘한 반응을 얻고 마는 '혁신의 저주' 현상은 지금도 숱하게 일어난다. 가장 큰 이유는 고객들의 수용도가 낮다는 점이다. 창조형 모방을 위한 핵심 과제를 잘 해결하고 고객에게 명확한 가치를 제공한다 해도 통념을 지나치게 파괴하거나, 초기에 높은 가격을 설

정했거나, 사용자들의 너무 많은 행동 변화를 요구할 때 이런 문제가 주로 생긴다.

소형 형광등은 백열등에 비해 수명이 5~6배나 길고 전기 사용량도 75% 이상 적어 백열등보다 3배나 비싼 가격에도 판매량이 늘고 있다. 하지만 미국 주거용 조명 시장에서의 점유율은 11%에 불과하다고 한다. 이유는 가격이 비싸고 불빛이 너무 밝기 때문이라는 분석이다. 미국 모든 가정에서 일반 전구를 1개씩 없애고 소형 형광등 전구를 사용하면 130만 대의 자동차가 배출하는 온실가스와 맞먹는 수준의 에너지가 사라지는데도 말이다.[64] 안타까운 현실이지만 고객들의 수용도를 고려하지 않으면 이런 문제가 생긴다.

반면 위대한 발명가라기보다 위대한 사업가로 부르는 게 더 타당하다는 평가를 받는 에디슨은 고객들의 수용도를 내다볼 줄 아는 사람이었기 때문에 전기를 이른 시간에 상용화할 수 있었다. 당시 기술 수준으로 봤을 때 전기선을 지하에 매설하는 것보다 지상에 매설하는 게 바람직했지만, 에디슨은 기존 가스 파이프들이 지하에 매설된 점을 감안해 전기선 역시 지하에 매설했다. 또 등의 밝기도 기존 가스등보다 조금만 밝게 만들고 가격을 부담가지 않는 수준으로 책정해 판매량을 높일 수 있었다. 또한 언론인들을 초청한 화려한 행사를 개최하고 도시의 상징적 빌딩에 전기를 공급하는 등 홍보와 마케팅에도 뛰어난 모습을 보였다. 만약 미국의 소형 형광등도 지나치게 밝지 않게 설계하고 가격을 더 낮출 수 있었다면 확산 속도가 더 빨라졌을 것이다.

친환경 세제 슈가버블을 만든 그린케미칼도 제품 개발 막판에 이런 고민을 했다. 그들이 개발한 새로운 세제는 세척력은 충분했지만 풍성한 거품이 나오지 않는다는 게 문제였다. 거품은 세척력과 아무 상관이 없다. 오히려 거품이 많으면 환경이 더 오염된다. 따라서 개발된 제품을 그냥 밀고나갈 수도 있었다. 하지만 수많은 주부들은 세제에서 거품이 나오는 것을 당연하게 생각했다. 거품이 없으면 제대로 닦이지 않았다는 생각까지 했다. 결국 그린케미칼은 재료의 배합 비율을 바꿔 거품이 더 많이 나오도록 마지막 의사결정을 내렸다. 만약 마지막 단계에서 거품에 신경 쓰지 않았더라면 그린케미칼은 고전했을 수도 있다. 친환경성은 당장 확인되지 않지만, 거품은 직접 눈으로 보이는 요소이기에 소비자들의 수용도를 좌우할 것이기 때문이었다. 콘셉트가 아무리 혁신적이더라도 소비자들에게 불편을 주거나, 너무 큰 행동 변화를 유도하거나, 일시적으로 비용 부담을 지나치게 가중시키면 성공하기가 쉽지 않다.

❺ **비용과 역량** : 공급자 입장에서 고려해야 할 부분은 비용과 역량이다. 모방 대상이 아무리 좋은 가치 제안을 한다 해도 비용 구조가 너무 높거나 자사 역량을 고려했을 때 달성이 불가능한 일을 제시한다면 혁신을 실현할 수 없기 때문이다. 하지만 비용과

역량을 지나치게 심각하게 고려하는 것은 혁신 관점에서 그다지 타당하지 않다. 비용이 많이 들어간다면 불필요한 기능을 과감하게 제거하거나 혁신적 발상으로 비용을 줄일 수 있기 때문이다.

앞서 지적한 적합성이나 차별성, 고객 가치와 수용성 등이 훨씬 더 중요한 고려 요인이다. 웅진코웨이가 외환위기를 겪으며 임대 모델을 모방하기로 결정했을 때, 적정 임대료로 정한 2만 7,000원이 너무 싸다는 의견이 내부에서 제시됐다. 하지만 이 수준은 돼야 일반 직장인들이 큰 부담 없이 서비스를 이용할 수 있었다.

결국 정수기에서 그다지 중요하지 않은 기능을 담당하는 부품을 없애고 정수기 커버를 저렴한 소재로 교체했으며 복잡한 배선을 단순화시켜 원가를 맞췄다. 목표 가격을 먼저 설정하고 여기에 원가를 맞추는 웅진코웨이의 방식은 고객 가치를 증대시키면서 원가도 잡은 대표적인 사례로 인용되고 있다.

자신들이 잘할 수 있는 역량을 고려하는 것도 중요하다. 예를 들어 에몬스 가구는 과거에 천과 쇠막대기로 만들어진 비키니 옷장이 인기를 끌자, 이 구조를 그대로 모방하면서 자신들이 강점을 갖고 있는 목재로 비키니 옷장을 만들어 큰돈을 벌었다. 모방 대상을 선정하면서 자신들이 가장 잘할 수 있는 역량을 고려하면 이처럼 큰 성공을 거둘 수 있다.

하지만 역량이 부족하거나 없다면, 만들거나 도움을 받는 방법도 있다. 최근 경영계의 대표적인 흐름 중 하나인 '개방형 혁신 open innovation'은 얼마든지 외부 주체들의 연계와 도움, 협력을 통해 목표를 달성할 수 있다는 점을 강조한다. 따라서 비용이나 역량 등은 고려 요인 가운데 하나가 되어야 하지만 지나치게 이에 집착하는 것은 바람직하지 않다.

재조합의 타당성을 찾아라

현재에는 어느 사무실이든 하나씩 비치하고 있는 팩스 기계. 하지만 이 팩스를 만들자는 아이디어가 처음 나왔을 때에는 이에 반대하는 의견이 무척 많았다고 한다. 사실 당시 상황에서 생각해보면 반대할 만한 충분한 이유는 있었다. 우편 서비스를 이용하면 2~3일이면 문서를 받아볼 수 있는데 누가 굳이 비싼 돈을 주고 기계를 사겠는가, 문서를 받을 사람도 그 기계를 갖고 있어야 하는데 내가 기계를 사는 것은 내 의지대로 되지만 남한테 기계를 사라고 강요할 수는 없지 않은가, 문서를 전달하려면 연결선이 필요한데 그 선은 어떻게 다 배치할 것인가 등등…. 수없이 많은 반대 이유와 부딪쳤다. 하지만 팩스 기계는 이런 우려와 달리 사무실의 필수품으로 자리 잡았다.

최근의 스마트폰 열풍이 불기 전, 한국 대부분의 이동통신사와 단말기 제조업체들은 스마트폰이 성공할 수 없는 이유를 장황하게 설명하기 바빴다. 가격이 100만 원이나 되는 제품을 살 사람이 몇 명이나 있겠는가, 우리처럼 초고속 인터넷 망이 잘 깔린 나라에서 휴대전화로 불편하게 컴퓨터 기능을 이용할 사람이 얼마나 되겠는가,

기존 휴대전화의 다양한 서비스도 이용하지 않는 사람이 대부분인
데 스마트폰을 살 사람이 얼마나 되겠는가 등등…. 하지만 모두의
예상을 뒤엎고 스마트폰은 불티나게 팔려나갔다.

모방 대상과 가치 조합을 결정하는 과정에서 안 되는 이유를 찾으
면 한도 끝도 없다. 하지만 고객들이 직면한 문제에 대해 명확한 해
결책을 제시하고, 새로운 가치를 창출하며, 수용성 측면에서도 문제
가 없다면 반론에 얽매여서는 안 된다.

기존 통념을 깨는 거의 모든 혁신 제품이나 서비스들은 대개 준비
단계에서 환영받지 못했다. 카테고리의 틀을 깨고 기존 사고를 뒤집
는 제품과 서비스가 해당 분야의 전문가들이 모여 있는 기업 내에서
환영받지 못하는 것은 어찌 보면 당연한 일이다.

화장품과 잘 안 어울리는 개념 중 하나는 '발효'다. 술, 요구르트,
된장 등 발효라는 단어와 연관되는 것들은 화장품의 이미지와 전혀
어울리지 않는다. 발효 화장품을 만들자는 제안에 대해 당연히 내부
에서 많은 반대가 있었을 것이다. 그러나 LG생활건강은 발효 물질
을 화장품에 접목시켜 '숨37'이라는 1,000억 원 매출의 히트제품을
개발했다.

현재는 편집장으로 몸담고 있는 DBR도 창간 준비 과정에서는
내외부 전문가들의 냉소적 반응을 경험한 적이 있다. DBR을 창조
형 모방의 틀에 넣어 분석해보면, 학술지의 원리를 모방해 대중을
대상으로 한 매거진을 만든 것이라고 볼 수 있다. 학술지처럼 깊이
있는 내용을 다루지만, 대중들이 볼 수 있도록 쉬운 언어로 표현한

다는 것이 핵심 가치였다. 언론 분야의 한 전문가는 이런 콘셉트로는 죽도록 노력해도 최대 판매 부수가 얼마 되지 못할 것이라고 예언하기도 했다. 하지만 DBR은 창간 첫 해에 이 전문가의 예상치를 뛰어넘었다.

물론 이들이 이런 예상을 할 만한 충분한 이유는 있었다. 활자 매체 시장이 전반적으로 위축된데다, 인터넷 모바일 분야에서 이동성과 확장성 등 강력한 경쟁력을 갖춘 경쟁 미디어들이 속출하고 있었다. 이런 상황에서 독자들에게 다가가기 쉬운 내용도 아닌 내용으로 활자 매체를 발행해 승부하겠다는 전략은 무모해보일 수 있었다. 하지만 의식적으로 성공할 수 있는 근거를 찾아보면 얼마든지 다른 시각을 가질 수 있다. MBA 졸업자 증가, 각종 미디어의 홍수로 인해 검증된 전문 지식을 전달하는 매체의 가치가 오히려 커지는 현실, 고급 지식에 대한 수요 증가 등이 그것이다. 실제 비즈니스 실험을 해본 결과도 이를 뒷받침했다. CARComputer Aided Research 기법으로 DBR이 추구하는 콘텐츠에 대한 독자들의 반응을 분석해본 결과, 가능성을 확인할 수 있었다.

이처럼 모방 대상의 가치를 결합하는 의사결정을 할 때에는 부정적 의견이 결국 편향이 될 수 있다는 생각을 가져야 한다. 앞서 언급한 대로 인간은 누구나 확증 편향을 갖고 있어 초기에 안 될 것이란 생각을 하면 이후부터는 이 생각을 뒷받침하는 정보만 받아들이게 된다. 의도적으로 성공할 이유와 증거를 찾으려는 노력을 하지 않으면 다 잡아놓은 위대한 혁신 기회를 놓칠 수 있다.

겉모양 모방은 위험

일본에서는 청소가 그저 주변을 환기시키는 정도가 아니라 효과적인 조직 운영 수단 중 하나로 사용되곤 한다. 자동차 대리점인 혼다 클리오 신카나가와점은 매장 안은 물론 매장 주변의 바깥 공간까지 청소하며 직원들의 일체감을 높이고 고객들에게 큰 만족감을 선물했다. 일본 자체가 청결함을 강조하는 문화인데다 하나의 목표를 위해 일사불란하게 움직이는 정서를 가진 탓에 이처럼 청소를 강조하는 조직들이 적지 않다.

조직 문화를 개선하고자 했던 한국의 한 경영자는 일본의 청소 문화를 자신의 기업에 과감하게 도입했다. 하지만 한국에서는 "아침 일찍 출근해 청소하라"는 것을 명령으로 받아들이는 직원들이 많았다. "왜 청소하는 분들이 따로 있는데 직원들이 해야 하느냐"는 불만도 제기됐다. 집이 먼 직원들은 더욱 꺼려했고 청소 문화를 모방한 성과는 찾을 수 없었다.

이처럼 모방 대상을 잘 선정했다 하더라도 엉뚱한 모방을 하면 소용이 없다. 특히 표면의 양상만 모방할 때 이런 일이 자주 생긴다. 표면의 양상은 가장 초보적인 모방 대상이어서 누구라도 쉽게 모방할 수 있다는 장점이 있지만 심각한 부작용을 초래할 수도 있다는 점을 유념해야 한다.

예를 들어 일본전산이 밥을 빨리 먹거나 큰소리로 말하는 직원을 뽑고, 남들보다 두 배 많이 일하고 성과를 배로 달성하게 한다고 해서 이를 그대로 모방한 기업이 성과를 낼 수 있을까. 이런 표면의 양상은 일본전산이 처한 특수한 상황을 반영해 겉으로 드러난 매우 흥미로운 일화일 뿐 성공 원리와는 거리가 멀다. 이면에 숨은 일본전산 조직의 작동 원리는 직원과 함께 성장하는 철학, 리더의 솔선수범, 긴장감 속에서 꿈과 비전을 갖는 노력에 있다.

이런 이면의 원리를 무시하고 겉으로 드러난 양상만을 모방하면 성과 향상은커녕 직원들의 불만만 키울 수 있다. 이면에 숨은 조직의 문화와 구조 원리 등을 파악하지 못하면 원래 목표였던 조직 문화 개선을 결코 달성할 수 없다. 따라서 모방 대상으로부터 가치 요소를 결합할 때 반드시 고려해야 할 점은 표면의 양상보다 이면의 원리를 받아들여야 한다는 점이다.

이면의 원리를 파악하면 응용 범위가 무한대로 넓어진다. 삼성전자 송미정 박사가 제시한 밥솥과 면도날 사례를 보자. 맛있는 밥을 빨리 만들기 위해서는 반드시 열을 가해야 한다. 하지만 열을 너무 세게 가하면 수분이 빨리 증발하기 때문에 밥이 푸석해진다. 이런 문제의 해결책으로 등장한 게 바로 압력밥솥이다. 압력밥솥은 높은 열을 가하더라도 물이 빨리 날아가지 않도록 수증기를 잡아줘 밥맛을 좋게 만든다.

표면의 양상만 배우는 사람은 압력밥솥을 보며 요리 도구에 응용하는 정도에 그칠 것이다. 하지만 이면의 원리를 파헤쳐 들어가면 전혀 다른 지혜를 얻을 수 있다. 압력밥솥이 문제를 해결한 원리는 열을 가할 때 나타나는 부작용에 대해 선제적으로 예방조치를 취한 것으로 볼 수 있다. 즉, 압력밥솥이 주는 교훈은 '어떤 목적을 달성하기 위해(맛있는 밥을 짓기 위해) 어떤 작용을 가했는데(열을 가했는데) 이로 인한 부작용으로 원래 목표 달성이 힘들다면(물이 빨리 증발해버려 밥이 잘 익지 않는 문제가 발생) 사전에 부작용을 막을 수 있는 예방조치를 취하라'는 것으로 정리할 수 있다.

만약 압력밥솥의 이런 이면의 원리를 이해했다면 이 원리의 적용 범위에 제한이 없어진다. 송 박사가 제시한 면도기 사례가 대표적이다. 면도를 잘하려면 압력을 가해야 한다. 그러나 압력을 가하면 털의 힘이 약하기 때문에 드러눕게 돼 면도가 잘 되지 않는다. 압력밥솥과 같이 사전에 조치를 취하는 방법을 탐구하다 보면 필립스처럼 철망 형태의 구조물을 설치해 면도기에 압력이 가해지더라도 털이 눕는 것을 사전에 막으면서 면도를 잘할 수 있게 만들 수 있다.

이밖에도 자동차가 도로에서 이탈하는 것을 막기 위해서는 튼튼한 벽이 필요한데, 벽이 튼튼해질수록 차량이 부딪쳤을 때 큰 충격을 받는 문제를 막기 위해 타이어 같은 쿠션을 설치하거나, 상점에서 도난 사고를 막기 위해 상표에 자성 띠를 설치해 무단으로 반출 시 경보음이 울리게 하는 것도 모두 압력밥솥의 문제해결 원리를 활용한 것이다.

이처럼 이면의 원리를 파악하면 무한대로 적용 분야를 확대할 수 있다. 하지만 이면의 원리가 그렇게 쉽게 파악되지 않는다는 게 문제다. 애플의 제품을 파는 오프라인 매장인 애플스토어는 소매점으로서 판매량이 엄청나기 때문에 많은 기업들이 모방 대상으로 삼는다. 실제 애플스토어는 매장당 판매량이 고급 백화점의 10배가 넘는 경이적인 실적을 냈다. 많은 기업들이 애플스토어를 모방한 것은 당연한 일이다. 하지만 실제로 모방에 성공한 기업들은 많지 않다.

애플스토어의 겉으로 드러난 표면적 모습들은 심플하면서 세련된 매장 디자인과 티셔츠에 청바지를 입은 활기찬 직원들의 모습 등이다. 사실 이런 표면의 양상들은 모방이 쉽다. 디자인은 인테리어 디자이너에게 애플스토어 같은 분위기를 만들어달라고 부탁하면 되고, 종업원 유니폼은 티셔츠에 청바지로 통일하면 된다. 직원들에게 친절 교육을 강화해 환하게 웃으라고 하는 것도 그다지 어렵지 않다. 하지만 이러한 형태로 애플스토어를 모방한다고 해서 다른 소매점들도 유사한 성과를 얻을 수 있는 것은 아니다. 애플스토어의 핵심 경쟁력은 전혀 다른 업종인 호텔 서비스의 모방에서 나왔기 때문이다.

애플스토어는 포시즌스 호텔의 컨시어지 서비스를 모방 대상으로 삼았다. 포시즌스는 북미 최초로 컨시어지 서비스와 24시간 룸서비스를 도입하는 등 가장 선두에 시시 호델 표준을 만들어산 회사다. '컨시어지'는 호텔 투숙객들의 개인적인 요청이나 요구에 적극적으로 대응하는 일종의 집사 서비스를 말한다. 애플은 이를 모방해 '지니어스 바Genius Bar'를 만들었다. 고객들은 이곳에서 애플 기기에 대한 수리 서비스를 받을 수 있다. 심지어 기술 이외의 문제에 대해서도 서비스를 받을 수 있다. 그러니 이런 이면의 원리를 파악하지 못한다면 애플스토어를 제대로 모방할 수 없는 것이다.

목표 탐색과 목표 추구

지금까지 창조형 모방의 5단계 가운데 4단계를 살펴봤다. 앞서 언급한대로 1단계부터 4단계는 해결해야 할 문제를 찾는 '목표 탐색Goal Finding' 단계다. 마지막 5단계는 정해진 목표를 달성하는 '목표 추구 Goal Pursuing' 단계라 할 수 있다.

목표 추구 과정에서는 수많은 문제가 발생한다. 이를 해결하지 못하면 목표를 달성할 수 없다. 따라서 목표 탐색 활동이 아무리 잘 이뤄졌다 하더라도 목표 추구 활동에서 이를 뒷받침하지 못하면 성공은 불가능하다. 하지만 창조형 모방을 단계별로 연구하면서 목표 추구 활동보다는 목표 탐색 활동이 더 중요하다는 점을 발견했다.

이에 대한 본격적인 논의에 앞서 이 두 활동의 특징부터 살펴보자. 목표 탐색과 목표 추구는 비슷한 것 같지만 그 내용은 전혀 다르다. 목표 추구는 근면, 성실, 논리성, 끈기, 인내 등이 성공의 핵심 요소다. 하지만 목표 탐색은 목표 추구 활동에 필요했던 논리성이나 인내가 별로 도움이 되지 않는다. 창의성, 기존 틀이나 범주에 얽매이지 않는 자유로운 사고, 때로는 바보처럼 보이는 생각이나 행동, 남들과 다른 역발상 등이 훨씬 더 도움을 준다. 이처럼 두 활동은 전혀 다른 논리와 사고를 요구하기 때문에 두 가지 능력을 동시에 갖기는 쉽지 않다.

많은 한국 기업들은 정해진 목표 달성에 탁월한 역량을 갖고 있다. 글로벌 1등기업의 기술 수준을 달성하는 일에는 타의 추종을 불허한다. 하지만 새로운 시장을 창출하거나, 창조적 혁신을 이루는 데에는 아직까지 능하지 않다. 선진국 기업들이 만들어놓은 경쟁의 룰에 맞춰 극한의 효율성을 추구해 선진기업을 따라잡는 데 능할 뿐이다. 즉, 목표 추구 활동에서 강점을 갖고 있다.

최근까지의 전략서 가운데는 실행을 중시하는, 즉 목표 추구 활동에 더 큰 가치를 두는 책들을 많이 찾아볼 수 있었다. 물론 이들의 주장도 타당한 측면이 있다. 아무리 훌륭한 전략을 세웠다 해도 실행하지 않으면 소용이 없다는 게 이들이 제시하는 가장 중요한 논리적 근거다. 실제 경영 현장에서 실행력 부족으로 성과를 내지 못한다는 분석도 나오고 있으니 이들의 주장이 전혀 틀리지는 않다.

목표 달성 과정에서 실행이 중요하다는 주장에 이의를 달기는 어렵다. 실행이 제대로 뒷받침되지 않으면 목표 달성은 분명 불가능하다. 예를 들어 창조형 모방의 첫 사례로 제시한 구텐베르크의 인쇄술을 보자. 구텐베르크가 와인 프레스를 모방 대상으로 삼아 가치 조합 방법을 결정한 후에 압력의 세기를 어느 정도로 해야 할지, 인쇄에 적절한 종이 두께는 얼마인지, 종이 재질은 어떤 게 좋을지, 어떤 잉크를 사용해야 할지 등을 놓고 심각하게 고민했고, 수없이 많은 연구와 실험을 거쳤을 때 최적의 해답을 찾아낼 수 있었다.

포드도 마찬가지다. 도축장에서 얻은 아이디어를 실천하기 위해 컨베이어 벨트를 어떤 형태로 설치할지, 근로자들의 작업 내용은 어떤 형태로 분할할지, 컨베이어 벨트는 어떤 속도로 움직일지 등을 놓고 치열한 고민을 거듭했다.

애플의 신제품도 말할 것이 없다. 아이팟, 아이폰, 아이패드를 개발하면서 수많은 시도와 논의, 의사결정을 해야 했다. 이런 수많은 의사결정 가운데 매우 중요한 영향력을 끼치는 일부가 잘못됐다면 상용화에 성공하지 못했을 가능성도 배제할 수 없다.

따라서 전략보다는 실행이, 목표 탐색 보다는 목표 추구 활동이 더 중요하다고 말하는 사람이 많다. 하지만 창조형 모방의 단계를 나눌 때, 목표 탐색에 4가지 단계를 배정하고, 목표 추구 단계를 하나로 묶어놓은 이유는 목표 탐색 단계에 더 큰 가치를 두었기 때문이다. 그 이유로는 다음 세 가지를 들 수 있다.

첫째, 목표 추구 활동은 목표 탐색 활동에 종속돼 있다. 좋은 목표를 찾지 못했다면 아무리 열심히 실행하더라도 성과를 내기 어려울 것이다. 또 실행력 부족과 관련한 많은 문제가 독립적으로 존재한다고 보기 힘들다.

만약 좋은 목표를 찾았다면 시장의 반응도 빨리 얻을 수 있고, 초기 승리를 경험한 조직원들의 적극적인 참여를 유도할 수도 있다. 따라서 순수하게 실행력 부족의 문제로 인해서만 성과를 내지 못한다는 견해는 현실적이지 않다. 대부분은 목표 탐색 활동 과정에서 혁신적인 목표를 제시하지 못했거나, 조직 문화와 부합하지 않는 목표를 제시했거나, 아니면 추상적이고 모호한 목표가 제시돼 실행 과정에서 동력이 약해지는 사례가 더 많다. 특히 기업 현장에서는 좋은 목표를 제시했다 하더라도 이와 상충되는 다른 목표들을 함께 제시해 현장에서 어떤 목표를 추구할지 헷갈려 하면서 실행력에 문제가 생기는 사례가 더 많다.

예를 들어 한 기업이 고객 가치를 최고로 여기라는 선언을 하면서 수익 목표를 무조건 달성하라는 목표를 제시했다고 치자. 종업원들은 고객 가치를 위해 무리한 영업을 하지 말아야 하는 것인지, 목표를 달성하기 위해 무리한 영업을 해야 할 것인지 헷갈릴 수밖에 없다.

3M의 사례가 이를 잘 보여준다. 과거 창의력을 강조했던 이 회사는 새롭고 독창적인 아이디어를 제시하는 게 종업원들의 사명이라는 사실을 강조했고 이런 방침은 실제 강한 실행으로 이어져 왔다. 오랫동안 3M은 업계 내에서 혁신의 대명사로 통했다.

하지만 GE에서 일했던 짐 맥너니가 CEO가 부임한 후 창의성과 어울리지 않는 6시그마를 전면적으로 도입하면서 3M의 혁신 동력은 약해졌다. 직원들은 창의성과 혁신을 강조하면서 품질 불량률을 극한의 수준으로 낮춰야 하는 상반되는 목표가 함께 제시되자 혼란을 겪었고, 결국 실행력이 약화되는 결과로 이어졌다.

한동안 3M의 혁신 전통은 타격을 받았고, 최고의 혁신 기업이라는 명성도 추락했다. 이후 3M의 CEO로 취임한 조지 버클리는 "발명이라는 것은 특성상 무질서한 절차를 밟아야 한다. 6시그마 프로그램은 창의성 영역에 발현할 수 없다"며 과거의 문화로 회귀했다.[65]

P&G의 사례도 살펴보자. P&G는 과거 R&D의 생산성이 그다지 높지 않았다. 열심히 개발한 제품 가운데 상용화된 제품의 비율이 10%에 불과했다. 하지만 A. G. 래플리가 CEO를 맡으면서 혁신적 신제품의 50%를 외부의 아이디어로 만들겠다는 명확한 전략적 목표를 제시했고, 종업원들은 이 방향에 맞춰 일사불란하게 행동했다. 외부에 있는 수많은 전문가들과 협업을 통해 혁신적 아이디어를 상용화했고 성과가 높아졌다.[66]

이처럼 실행력은 전략과 연계된다. 일관되고 명확하며 혁신적인 목표를 수립해서 제시하면 실행력이 높아진다. 반면 명확한 목표가 제시되지 않았거나 서로 상충하는 목표가 제시되면 직원들은 어느 장단에 춤을 춰야 할지 궁금해 한다. 좋은 목표가 제시됐다면 좋은 실행이 뒤따를 확률이 높아진다. 실행력 자체만 높이려는 시도보다는 좋은 목표를 제시하면서 동시에 실행력을 높이는 시도가 더 바람직한 결과를 낳을 수 있다.

둘째, 실행은 외부의 도움을 받을 수 있지만, 핵심 과제 선정은 외부의 도움을 받기가 쉽지 않다. 원가를 줄이거나, 기술적 모순을 해결하거나, 주어진 목표를 달성하기 위한 새로운 기술을 개발하는 과정에서는 외부의 도움을 받을 수 있다. 컨설팅사, 연구소, 기술개발 중개회사, 학계 전문가 등 구체적인 문제 해결을 도와줄 외부 인사들은 수없이 많다.

이 책에서 특히 강조했듯이 기존 업계와 상관없는 새로운 업계의 전문가들이 문제를 해결했던 방식을 모방하면 매우 혁신적인 해결책을 찾을 수도 있다. 경쟁자가 아닌 다른 업계에서 도움을 요청한다면 흔쾌히 도와주겠다고 나설 사람들도 많을 것이다.

생산, 마케팅, 홍보, 심지어 연구 개발까지, 핵심 과제만 잘 선정한다면 간단한 구글링만으로도 도움을 줄 업체를 손쉽게 찾아낼 수 있다.

예를 들어 미국의 한 창업자는 스포츠샌들이 발가락을 보호해주지 못한다는 문제의식을 갖고, 발가락 보호 샌들을 만들자는 아이디어를 떠올렸다. 이들은 프리랜서 디자이너에게 의뢰해 시제품을 받았고 인터넷을 통해 중국의 신발공장에 제품을 의뢰했다. 이런 방식으로 두 달여 만에 16개의 신제품을 내놓았고, 인터넷에서 폭발적인 반응을 얻으면서 한 해에 3,000만 달러의 매출을 올릴 정도로 성장했다. 아이디어만 있다면 다른 모든 것을 협력업체 등 외부 자원을 활용해 해결하는 이른바 '인스턴트 기업'까지 등장한 것이다.[67]

따라서 문제의식을 토대로 창의적이고 혁신적인 핵심 과제를 잘 선정하고, 적절한 모방 대상을 찾아 제대로 된 가치 조합을 제시하면 외부의 협력자들로부터 얼마든지 도움을 받아 혁신적인 제품을 생산할 수 있다.

하지만 핵심 과제 선정과 같은 목표 탐색 활동을 도와줄 사람은 많지 않다. 목표 탐색은 논리적으로 접근하기 힘든 영역이다. 상상력과 창의력, 깊이 있는 통찰을 요구한다. 컨설팅사나 학자, 연구소의 전문가들은 대체로 논리적 사고를 강조한다. 따라서 이런 문제에서 새로운 통찰을 주기가 쉽지 않다. 실제 국내 굴지의 전자업체 가운데 전략컨설팅사 의존도가 매우 높았던 회사의 CEO는 실적 부진으로 자리에서 물러나기도 했다.

또 핵심 과제 선정은 의사결정권자의 의지가 매우 중요하다. 외부에서 좋은 목표가 제시돼도 의사결정권자가 관심을 갖지 않으면 실행으로 연결될 수 없다. 따라서 남들이 이런 역할을 대신해주기가 무척 어렵다. 이 책에서 목표 추구보다 목표 탐색을 훨씬 더 강조한 이유다.

셋째, 한국 상황에 대한 고려다. 한국 기업은 문제 해결에 탁월한 역량을 갖고 있다. 선진기업의 기술 수준을 따라잡는 측면에서는 전 세계 누구와 경쟁해도 이길 수 있는 역량을 갖췄다.

한국 경제의 성장 스토리를 살펴보면 선진 기업을 방문했다가 보잘 것 없는 회사라며 무시당하거나 절대로 자신들의 기술 수준을 쫓아올 수 없다는 이야기를 들은 지 불과 몇 년 만에 만만치 않은 경쟁력을 갖춘 기업으로 성장했다는 사례가 수없이 많다. 다시 말해 정해진 목표를 달성하는 측면에서는 최고의 역량을 갖추고 있다. 개인도 마찬가지다. 정해진 목표를 달성하는 것과 관련해서는 한국인들이 단연 압도적이다. 토익이나 토플 점수의 신뢰성을 저하시킬 만큼 한국인들은 일단 목표와 인센티브가 확실하다면 기적에 가까운 성과도 연출하곤 한다.

경제학 교수 마이클 포터의 용어를 빌리자면 한국은 개인과 기업 모두 '운영 효과성operational efficiency' 측면에서 타의 추종을 불허한다. 운영 효과성은 정해진 규칙 하에서 경쟁자보다 더 빨리, 더 효율적으로, 더 싸게 생산하는 것을 말한다.

하지만 운영 효과성이 높아지면 경쟁자와 완전히 다른 제품을 개발하는 '전략적 포지셔닝strategic positioning' 역량은 떨어진다. 삼성이나 현대자동차가 열심히 노력해 선진국 수준의 제품을 개발하는 데는 성공했지만, 애플이나 선진 자동차 기업처럼 시장의 구도를 흔드는 제품을 개발하지 못한 것도 이런 이유에서다.

포터는 "많은 한국 기업들은 아직 전략이라고 할 것이 없다"고 말한 적도 있다. 운영 효과성은 좌뇌의 영역으로 목표 추구 활동, 즉 실행력과 관련이 있다. 반면 전략적 포지셔닝은 우뇌의 영역으로 목표 탐색 활동과 관련이 있다. 남들과 다른 상상력, 새로운 아이디어, 기존 틀을 뒤흔드는 과감한 발상의 전환이 여기에 포함된다. 한국 경제의 성장 및 새로운 도약을 위해서라도 창조형 모방은 한국의 개인과 기업들이 한 단계 도약하기 위해 가져야 할 필수 요소다.

현실을 먼저 고려하지 말 것

창조형 모방의 방법론을 체계화하면서 실행보다는 목표 탐색 활동에 훨씬 큰 비중을 두었지만 그렇다고 실행이 중요하지 않다는 것은 아니다. 결국 가치가 만들어지려면 실행 과정을 거칠 수밖에 없고 여기서 실패하면 가치 창출에도 실패하기 때문이다.

하지만 한 가지 흥미로운 사실은 대부분의 혁신 사례들이 실행력이나 역량에 대한 심각한 고려 없이 일단 목표를 수립하고 실행했을 때 해결책을 찾아낸 사례가 많다는 점이다. 이것은 실행력, 혹은 현실적인 여건을 감안해 목표를 세우거나 의사결정을 내리지 않았다는 의미다. 대부분은 문제의식에 기초했고 고객과 시장의 요구에 기초해서 목표를 먼저 설정했다. 따라서 기존 업계의 통념에 반하거나, 모순적인 내용을 담고 있어 실현이 불가능해 보이는 과제가 제시된 적이 많았다.

스위스 시계 산업의 역사를 다시 쓴 스와치Swatch는 시계에 대한 소비자들의 태도가 '시간을 알려주는 기계'에서 '패션 액세서리'로 변하고 있다는 점에서 통찰을 얻어 시계 산업을 액세서리 산업으로 재정의했다. 그리고 액세서리의 요소를 광범위하게 모방했다.

고객들이 매일 다른 디자인의 제품을 손목에 차고 나갈 수 있도록 튀는 컬러에 다양한 디자인을 개발했고 특히 액세서리 수준의 가격대에서 시계를 제공하겠다는 '핵심 과제'를 선정했다. 이런 과제가 처음에는 불가능해 보였지만 과감한 부품 통합과 플라스틱을 사용하는 등 새로운 재료 사용으로 스와치는 새로운 가치를 주는 시계를 완성할 수 있었다.

2,500달러짜리 초저가 차량 나노를 선보인 타타자동차도 현실적인 역량을 고려하기보다 오로지 인도 소비자들이 구매할 수 있는 수준의 가격을 먼저 결정하고, 실행 과정에서 이를 밀어붙였다. 현실 역량이나 실행력을 고려했다면 자동차 업계의 통념을 완전히 뒤엎

는 발상을 하지 못했을 것이다.

과거 레인콤의 성장을 이끈 mp3플레이어 '프리즘'을 만들 당시 일화도 유명하다. 당시 디자이너 김영세 씨가 프리즘 모양의 mp3플레이어를 디자인하자 기술진들은 그 크기와 모양으로는 도저히 제품을 만들 수 없다고 말했다. 이때 레인콤 사장은 "구겨 넣어"라는 유명한 말을 남겼다.

이 지시가 하달된 이후 실제로 mp3플레이어로서의 확실한 기능을 갖춘, 잘 구겨 넣은 제품이 출시됐다. 혁신은 이처럼 역량이나 기술 수준에서 달성하기 어려운 과감한 목표를 달성하는 과정이다. 강한 열망을 갖고 방법을 찾아보면 얼마든지 해결책을 찾을 수 있는 일이기도 하다.

탐색 범위를 확장하라

좋은 문제의식을 갖고 핵심 과제를 잘 선정한 다음 모방 대상을 결정했다 하더라도 실행 과정에서는 늘 다른 문제가 생기곤 한다. 이때 가장 좋은 방법 중 하나는 유사한 문제를 해결해줄 수 있는 대상을 찾아보는 일이다.

이 책의 전반적인 취지이기도 하지만 문제 해결과정에 결정적 도움을 주는 사람은 동종 업계보다는 이종 업계, 혹은 전혀 다른 영역에서 나올 확률이 높다. 동종 업계에서 현재의 상황을 조금 나아질 수 있도록 하는 아이디어를 제공해줄 수 있는 사람은 대단히 많을 것이다. 하지만 혁신적 아이디어를 실현하는 데는 오히려 걸림돌이 될 수 있다. 기존 사고의 틀과 습관에 갇혀 있는 사람들이 많기 때문이다.

반면 다른 분야의 전문가들은 문제를 전혀 다른 관점에서 바라보기도 하고, 혁신가들이 풀려고 하는 문제보다 훨씬 더 어려운 과제에 도전해 성과를 낸 사람도 많다. 따라서 동종 업종에 갇혀서 대안을 찾기보다는 문제 해결을 위한 탐색 범위를 대폭 확장하는 게 혁신 아이디어를 실행하는 데 훨씬 도움을 준다. 때로는 창조형 모방의 원리를 다시 활용해야 할 필요도 있다. 이때에는 이미 핵심 과제가 정해져 있기 때문에 3단계의 모방 대상 탐색부터 시작하면 된다.

앞서 창조형 모방의 대표적 사례로 언급했던 해피콜의 양면프라이팬 개발 과정에서 탐색의 중요성이 잘 드러난다. 프라이팬을 뒤집는 과정에서 겪게 되는 불편함을 없애기 위해 붕어빵틀이라는 기막힌 모방 대상을 찾기는 했지만, 실제 이를 구현하는 과정에서는 여러 문제가 생겼다. 가장 심각한 문제는 양면팬을 뒤집을 때 기름이 흘러나올 수 있다는 점이었다.

이런 문제를 해결하려면 광범위한 탐색이 가장 좋은 방법이다. 실리콘 생산 업체에 의뢰해 고온에서도 변형되거나 녹아내리지 않은 제품을 찾아보니 다우코닝사가 공급이 가능하다는 답변이 왔다. 해피콜은 다우코닝 제품을 공급받아 문제를 해결했다. 또 전문가들의 도움을 받아 실리콘을 견고하게 설치하는 방법도 개발했다. 해피콜의 업종을 넘나드는 탐색이 실행 과정에서 중요한 문제 해결의 열쇠를 제공한 것이다.

앞서 루펜 사례를 언급했는데, 음식물을 헤어드라이어의 원리대로 열풍으로 건조한다는 아이디어를 실행하는 일도 만만치 않았다. 무엇보다 냄새가 문제였다. 열풍으로 건조하는 동안 음식물 쓰레기 냄새가 온집안에 진동한다면 아무리 훌륭한 기술로 음식물을 신속하게 잘 말린다 해도 결코 상업적으로 성공할 수 없다.

이 문제를 해결하기 위해 루펜은 음식물 쓰레기 처리기 업계를 탐색하지 않았다. 대신 냄새 차단을 고민하는 다른 업종을 탐색했다. 열심히 탐색을 하다 보니 마루이치라는 배수구 관련 회사가 냄새의 역류를 막는 특허 기술을 갖고 있다는 사실을 알게 됐고, 루펜은 돈을 주고 관련 기술을 사들여 문제를 완벽하게 해결했다.

이처럼 가급적 유사한 문제를 보다 심각하게 고민했던 다른 업계나 첨단 과학기술, 다른 비즈니스 모델 등을 공격적으로 탐색하고 과감하게 해당 요소를 이식하거나 기술, 부품 등을 공급받아야 한다.

타타자동차가 2,500달러짜리 자동차를 생산할 수 있었던 결정적 비결 중 하나는 딜러가 차를 조립하게 하는 것이었다. 제조 설비를 갖춰놓고 차량을 조립하다 보면 설비투자와 인건비로 막대한 돈이 들어간다. 하지만 최대한 조립을 하기 쉽게 해놓고 영업 현장의 딜러들이 이를 조립하면 관련 비용을 고스란히 줄일 수 있다. 프렌차이즈 음식점에서 많이 활용하는 반제품 공급과 유사한 원리를 이용한 것이다.

이처럼 기존 업계의 관행을 의도적으로 벗어나기 위해서라도 탐색의 범위를 과감하게 확장해야 한다.

문제해결 도구의 활용

이미 유사한 문제에 대한 해답을 갖고 있는 다른 대상을 탐색해봤지만 결국 실패할 수도 있다. 실행 과정에서 부딪치는 문제를 탐색으로 해결하지 못했다면 다음 방법을 시도해볼 수 있다. 그것은 인류가 체계화한 다양한 문제해결 도구를 활용하는 것이다.

창의적 문제해결 방법론인 트리즈TRIZ나 미국에서 개발한 원가혁신 방법론인 가치 공학Value Engineering, 6시그마, 프로세스 리엔지니어링, 액션 러닝, 린Lean 생산방식 등이 대표적이다.

특히 트리즈 같은 도구는 몇 가지 핵심 원리만 이해하고 있어도 새로운 사고를 하는 데 무척 도움을 준다. 이런 방법론들은 업계에서 이미 광범위하게 활용되고 있으며 수많은 시도를 통해 실전 적용 방안에 대한 체계적인 지식들이 축적돼 있다. 또 각 도구들은 다양한 시도로 인해 진화하고 발전하여 이제는 어떤 방법이 다른 방법에 비해 절대적으로 우월하거나 더 바람직하다고 말하기도 어려운 상황이다.

때문에 특정 도구를 맹신하는 것은 곤란하다. 이 책이 제시한 5단계 창조형 혁신 방법론을 포함해 모든 도구는 그 자체로 생명력을 가진 것이어서 이 도구만 사용하면 문제가 해결될 것이라고 생각해서는 절대 안 된다. 도구는 도구일 뿐이다. 그 도구를 사용하는 사람이 어떤 생각을 갖고 있느냐가 훨씬 중요하다. 똑똑한 기술자가 효율성이 극대화된 최고의 삽을 개발했다 하더라도 이용자가 엉뚱한 방식으로 땅을 파고 있으면 생산성에 전혀 도움이 되지 않는 것처럼 말이다.

그래서 선도적인 기업들은 정형화된 틀을 고집하지 않고 자사의 상황에 맞게 변형 및 발전을 거듭한다. 삼성전자는 제품 개발 과정에서 다양한 도구와 방법론을 활용하지만, 대부분은 자체적으로 적용시켜가면서 변형해 활용하고 있다. 대표적인 것이 가치공학을 변형해 만든 '그룹가치공학Group Value Engineering'이다. 원가 절감을 위한 가치공학 활동의 취지를 살리면서도 삼성전자의 조직 문화와 상황에 걸맞게 변형해 집단적 협업의 장점을 극대화한 것으로 신제품 개발이나 공정 혁신에서 효과적인 방법론으로 활용되고 있다.

때로는 경영 도구를 맹신하거나 유행을 따라하듯 새로운 도구를 받아들였다가 기업의 성과를 저해하기도 한다. 도요타는 자신들의 경쟁 우위 원천으로 지목되는 도요타 생산 방식TPS을 전체 시장에 과감하게 공개한다. 이에 대한 한 전문가의 통찰은 무척 흥미롭다. 그는 도요타의 공개 방침이 오히려 도요타의 성공에 도움을 준다고 분석했다. 도요타 방식을 배우러 오는 기업들의 상당수는 TPS를 경험하긴 하지만 근본적인 원리를 배우지는 못한다.

정작 중요한 TPS의 성공 원리는 눈에 잘 드러나지도 않고, 종업원들 개개인에 체화된 암묵적인 형태의 지식이 많은데다, 조직 문화처럼 추상적인 요인들이 성공에 결정적 영향을 끼치게 때문에 실제로 TPS를 배워가서 현장에 적용한 많은 기업들은 실패를 경험했다. TPS를 적용해 실패한 기업들의 원인을 분석한 학술 연구가 있을 정도다.

실패한 기업들은 다른 도구를 찾게 되는데, 다른 도구도 역시 도구 자체만으로 성공이 보장되지 않는 것은 마찬가지다. 결국 TPS를 배워간 다른 기업들은 혁신적인 문제해결 도구 도입에 자원을 투자하겠다고 비용만 증가시키고 그만큼의 효과는 얻지 못한다. 도요타가 자신들의 노하우를 공개한다는 좋은 평판을 얻으면서도 잠재적 경쟁자들의 비용을 끌어올리려는 것 아니냐는 분석까지 나오는 것도 이런 이유에서다.

문제해결 도구는 기업 혹은 업무의 특징에 맞는 것을 골라 장기적으로 적용해보면서 진화, 발전시켜나가는 게 훨씬 더 중요하다. 또 서로 상반되는 특징을 가진 도구를 도입하려면 해당 도구의 활용 범위가 어디까지인지, 어떤 과정에 어떤 도구를 활용할 것인지를 미리 정해놓는 것도 좋은 방법이다.

무엇보다 중요한 것은 유행이나 CEO의 선호에 따라 자주 바꾸기보다, 우직하게 한두 개의 도구를 정해 집중적으로 활용하는 것이 더욱 큰 효과를 불러올 수 있다.

시행착오

광범위한 탐색을 해봤지만 해결책을 찾지 못했고, 문제해결 도구를 적용해봤지만 별다른 아이디어가 떠오르지 않는다면 그 다음 단계로 활용할 수 있는 대안이 바로 '시행착오Trial and Error' 방식이다. '될 때까지 하라'는 구시대적 방법 아니냐고 생각하는 사람도 있을 것이다. 완벽한 계획을 세워서 여러 차례 반복하는 비용을 줄여야 하는 것 아니냐고 생각하는 사람도 있을 것이다. 하지만 의외로 수많은 혁신 과정에서 이 단순한 방법이 위력을 발휘해왔다.

제임스 다이슨은 먼지봉투 없는 청소기를 만들겠다는 목표를 세우고 이를 달성하는 과정에서 5,000번 이상의 실패를 경험했다. 에디슨도 2,400번의 시도를 한 끝에 전기가 흘러도 타지 않고 빛을 내는 필라멘트를 발견했다.

락앤락은 완벽한 밀폐력을 갖추기 위해 4면 결착 방식을 고안했는데 뚜껑을 열고 닫을 때 접히는 부위(힌지)의 두께가 문제였다. 두꺼우면 여닫기 힘들었고 얇으면 쉽게 찢어졌다. 이 문제를 해결하기 위해 1년 여 동안 실패를 거듭한 끝에 0.4mm라는 최적의 두께로 힌지를 만들면 300만 번을 여닫아도 문제없는 제품을 만들 수 있다는 사실을 알게 됐다.

시대가 발달하면서 시행착오 방식을 대체할 수 있는 다양한 방법론이 개발되고 있다. 컴퓨터 시뮬레이션이 대표적이다. 하지만 이런 방식은 개발 과정에서 도움을 줄 수는 있어도 근본적으로 시행착오 방식을 대체할 수는 없다. 문제 해결을 위한 아이디어가 떠오르면 시제품을 만들어보고 실험을 해보고 그 결과를 토대로 다른 방법을 고안해보는 방식은 기술의 도움을 받아 시간을 단축시키고 효율성을 높일 수는 있지만 본질적으로 대체하기는 어렵다.

많은 사람들은 "유레카"를 외치는 아르키메데스를 떠올리며 어느 한순간에 창의적 아이디어가 떠오를 것이라고 기대한다. 하지만 현실에서 이런 일은 자주 일어나지 않는다. 심지어 유레카의 대표적 사례인 아르키메데스도 그 이전에 수많은 고민과 시행착오를 거쳤다. 떨어지는 사과를 보고 만유인력의 법칙을 발견한 것으로 알려진 뉴튼도 과거에 지식에 대한 학습과 고민이 있었다.

뉴튼은 실제 자신이 거인(과거의 지식 자산) 위에 올라타 있었기에 만유인력의 법칙을 발견할 수 있었다고 말했다. 소아마비 백신을 개발한 솔크 박사도 유럽 여행 중 기막힌 백신 제조 기법을 떠올린 것으로 알려져 있지만 그는 그 이전에 시행착오 방식으로 상당한 지식을 축적하고 있었다.

다양한 에피소드에서 소개되듯이 목욕을 하거나 사과나무 아래에서 휴식을 취하거나 여행을 하던 중 새로운 발명 아이디어를 발견하는 것은 '디폴트 네트워크'와 관련이 있다. 디폴트 네트워크는 휴식을 취할 때, 즉 문제 해결을 위해 애쓰지 않는 상태에서 활성화되는 특이한 뇌 영역을 의미한다. 디폴트 네트워크는 휴식 과정에서 활성화되며 기존 지식들을 정리하거나 분류하며 배운 것을 자기 것으로 습득하는 역할을 담당한다.

즉, 창의성은 특별한 순간에 우연히 발현되는 것이 아니다. 우선 많은 지식과 경험이 축적된 상태여야 한다. 다만 그 발현 양상이 디폴트 네트워크처럼 휴식이라는 특별한 계기를 만나 순간적으로 나타나는 경우가 많을 뿐이다.

대부분의 혁신은 시간이 많이 걸리는 지루한 과정이기도 하다. 실제 다이슨은 신제품을 개발하는 데 4~5년을 투자하고 있다. 이 과정에서 수많은 시행착오를 반복한다. 그만큼 끈기가 필요한 게 혁신 아이디어를 실행하는 과정이다.

시행착오 방식의 실행 과정에서 가장 중요한 것은 적당히 만족해서는 안 된다는 점이다. 많은 혁신은 이 과정에서 실패를 겪는다. 문제의식을 본질적으로 해결해주고 충분히 만족할 만한 완벽한 성능이 나올 때까지 최선의 해결책을 찾아야 한다. 특히 치열한 경쟁 사회에서 적당한 해결책에 만족한다면 경쟁사에서 유사한 아이디어로 완성도를 높인 다른 제품을 출시할 가능성이 커진다.

디테일 경영은 이럴 때 그 가치가 빛난다. 고객 가치를 결정하는 매우 중요한 문제에 대해서 아주 세부적인 사항까지 챙겨서 고객들의 불편이나 성능 저하 등으로 인한 문제가 나타나지 않도록 돕기 때문이다. 타협하지 않는 집요함은 이런 분야에서 발휘돼야 한다.

문제 발견 과정에서는 이질적인 요소들을 결합하는 포용력과 유연한 사고가 필요하지만, 문제 해결 과정에서는 비타협적 자세나 장인정신이 더 큰 도움을 준다. 창조형 모방의 완성을 위해서는 이처럼 서로 다른 특징, 일견 모순돼 보이는 특징을 모두 갖추고 다룰 수 있어야 한다.

the
Power of
Creative
Iimitation

따라 하는 데서
멈추지 마라

01 똑같이 따라 해도 성공할 수 없는 이유

가치와 철학, 그리고 진정성

2011년 한국에는 오디션 프로그램 열풍이 불었다. 수많은 오디션 프로그램이 만들어졌지만 같은 오디션 프로그램이라고 모두 성공을 거둔 것은 아니다. 어떤 프로그램은 흥행에 성공을 거뒀지만, 참담한 실패를 맛본 프로그램도 많다.

예를 들어 오디션의 원리(치열한 서바이벌 경쟁)를 가수 지망생이 아닌 프로 가수에게 적용한 '나는 가수다'는 성공했지만, 무주택 서민에게 집을 주는 프로그램인 '집드림'과 아나운서 공채에 적용한 '신입사원'은 기대에 못 미치는 성과를 냈다. 이들 오디션 프로그램들의 복합적 구성요소 가운데 상당한 부분은 오디션의 원리를 새로운 분야에 적용한 것인 만큼 창조형 모방 사례로 접목시켜 볼 수 있다. 그런데 왜 일부 프로그램만 성공하고 나머지는 실패하고 말았을까?

실패나 성공의 원인을 하나로 설명하긴 어렵지만, 이 프로그램들의 성패를 가른 가장 본질적인 이유는 가치와 철학, 그리고 진정성에 있다고 생각한다. 각 프로그램의 가치와 철학, 진정성의 수준은 조금만 살펴보면 쉽게 알 수 있다.

'나는 가수다'의 경우 '공중파 황금 시간대에 모든 프로그램이 예능으로 채워지면서 가수들이 노래할 기회는 점차 사라지고 있다. 하지만 서바이벌 방식을 적용해 긴장감을 높이면 실력 있는 가수들의 감동적인 무대를 국민들에게 보여줄 수 있다'는 명확한 가치와 철학을 갖고 있었다. 이런 가치와 철학은 관련 업계 종사자 누구라도 공감할 수 있는 내용이며 진정성도 의심하기 어렵다. 가수 지망생이나 일반인에게만 적용하던 서바이벌 방식을 프로의 경지에 오른 가수에게 적용한 발상 자체도 참신하지만 이를 현실에서 실현시킬 수 있었던 비결은 이처럼 명확한 가치와 철학이 있었기 때문이다. 가요 프로그램이 점점 심야 시간대로 옮겨가고 광고가 붙지 않아 폐지되는 마당에 이런 기획 의도와 철학은 프로 가수들의 마음을 움직였고, 치열한 경쟁에서 생존하기 위한 이들의 노력은 시청자에게 감동을 줬다.

반면 '집드림'은 '집이 없는 무주택 서민에게 집을 선사함으로써 새로운 희망을 준다'는 가치와 철학을 표방했지만 진정성이 부족하다는 비판을 면하기 어려웠다. 무주택 서민들이 서바이벌 방식으로 퀴즈를 풀고, 생존한 단 한 명에게만 집을 한 채 주는 것은 우승자 외에 다른 참가자들에게 꿈과 희망을 주지 못하기 때문이다. 사실 이들이 추구한 가치와 철학은 실질적으로 '단 하나의 무주택 가족에게 희망을 주고 나머지 가족들 모두에게는 한때 희망을 주었다가 절망을 준다'로 수정해야 한다. 당연히 "무주택자의 희망을 담보로 시청률을 끌어 올리려는 것 아니냐"는 시청자들의 거센 반발을 샀다. 모두가 공감할 수 있는 명확한 가치와 철학을 찾아보기 어려웠고 겉으로 표방하는 가치와 실제 내용의 괴리가 있기 때문에 진정성도 의심받을 수밖에 없었다.

아나운서를 서바이벌 방식으로 뽑는 '신입사원'도 가치와 철학 측면에서 높은 점수를 주기 힘들다. 신입사원은 방송사 직원 채용에 서바이벌의 원리를 도입했다는 점에서 오디션의 원리를 전혀 새로운 맥락에 적용한 시도였지만, 참가자들과 시청자들에게 주는 가치는 명확하지 않았다. 참가자들은 신상 공개로 인한 부담을 느껴야 했고, 이는 신상 공개를 원치 않는 사람들의 참여를 제한했다. 시청자 입장에서도 다양한 재능을 가진 사람들의 끼를 볼 수 있다는 편익은 있지만 기본적으로 신입사원 채용은 방송을 보는 시청자보다는 공급자인 방송사가 훨씬 더 큰 관심을 갖고 있는 사안이다.

서바이벌 프로그램 사례에서 알 수 있듯 본질적인 가치와 철학, 그리고 진정성은 창조형 모방의 성패를 좌우하는 핵심 원리다. 훌륭한 가치와 철학, 그리고 진정성을 가지면 창조형 모방은 실질적인 가치를 창출할 수 있다. 그 이유는 다음과 같다.

가치와 철학은 근본적인 존재 이유를 설명한다. 따라서 이를 실현하기 위한 전략도 쉽게 개발할 수 있다. 존재 이유를 잘 파악하고 있다는 것은 일의 목적을 이해하고 있다는 것과 일맥상통한다. 전장에서 부대의 목표가 고지 점령인지, 진지 사수인지 알고 있다면 부대원들의 행동이 달라진다. 목표를 잘 이해한 부대원들은 그에 부합하는 방향으로 행동을 할 수 있다. 시시각각 변하는 전쟁터에서 어떤 행동을 할 때마다 매번 장교의 승인을 받을 수는 없다. 목표를 잘 설명하면 사명감을 가진 병사들은 그에 부합하는 행동을 한다.

비즈니스도 마찬가지다. 프로 가수들이 최고의 무대로 경쟁하는 장을 만들어 가치를 창출하겠다는 가치와 철학을 가졌다면, 당연히 가창력이 있는 가수들을 상대로 섭외에 들어가야 하고 최고의 무대를 위한 음향과 무대를 설치해야 한다. 또 모두가 공감할 수 있는 승리 규칙을 만들어 탈락 문제와 관련한 공정성에 의문이 제기되지 않도록 해야 한다. 이런 일련의 과정들은 대중음악 전문가들에 의해 검증받으면 그만큼 신뢰성을 더 높일 수 있다. 전략에 대한 복잡한 이론이나 책을 읽지 않아도 가치와 철학을 공유하면, 다양한 방법들을 얼마든지 찾아낼 수 있다.

하지만 가치와 철학이 흔들리면, 즉 진정성 없는 가치와 철학을 제시하면 전략도 흔들린다. 만약 무주택자의 꿈과 희망을 준다는 철학이 확고했다면 서바이벌 방식 자체에 대해 충분히 고민한 후에 다른 형태의 프로그램을 만들었을 것이다. 무주택자의 아픔을 같이 하며 이들과 함께 꿈을 찾아가는 과정을 그리는 등 오디션과 완전히 다른 아이디어가 나왔을 수 있다. 하지만 서바이벌 방식을 도입해 시청률을 올려야 한다는 강박관념이 프로그램의 수준 저하를 가져왔고 오히려 시청률 저하로 이어졌다.

진정성 있는 가치와 철학의 설정은 조직 분위기를 창의적으로 만든다. 창의적 아이디어를 내라고 명령하거나 많은 돈을 들여 교육

과정을 만들지 않아도 가치와 철학을 이해한 직원들이 이를 실천하기 위한 창의적 아이디어를 자발적으로 내놓는다.

타이어 업체 미쉐린이 추구하는 가치와 철학은 인간의 이동성 향상이었다. 이런 철학이 뒷받침됐기 때문에 미쉐린은 혁신을 주도할 수 있었다. 타이어 제조업체로 알려져 있지만 교통 표지판을 처음으로 만든 회사가 바로 미쉐린이다. 또 여행자들이 낯선 곳에서도 편리하게 생활할 수 있도록 자동차 정비소나 훌륭한 식당을 안내해주는 책자를 발간했는데, 이것은 '미쉐린 가이드'로 발전해 세계 최고 권위의 여행정보 안내서로 자리 잡았다. 덕분에 인간의 이동성이 높아졌고 미쉐린의 본업인 타이어 수요도 늘어나는 선순환 구조가 정착됐다. 진정성 있는 가치와 철학은 이처럼 자연스럽게 창의성을 발현시켜 고객 가치를 키우고 종업원들의 자긍심을 높이며 비즈니스 선순환 구조를 만든다.

기업이 추구할 가치와 철학을 만들었다면, 꾸준히 실천하는 노력이 뒷받침돼야 한다. 때로는 단기적 이익에 혹할 수도 있겠지만, 타협해서는 안 된다. 기존 가치에 반하는 주주나 이해관계자들의 압력에도 굴해서는 안 된다. 스타벅스 사례가 이를 잘 보여준다.

스타벅스가 추구했던 가치와 철학은 '감당할 수 있는 명품affordable luxury'으로 요약할 수 있다. 스타벅스는 누구라도 구매력을 가질 수 있는 가격대에 고급 커피로 표현되는 럭셔리한 문화를 느끼게 해주자는 가치를 실현시키면서 급속한 성장을 거듭할 수 있었다. 하지만 기업이 커지고 이해관계자가 늘어나면서 이 기업의 철학과 가치는 훼손됐다.

과거의 철학에서 벗어나 성장 지상주의 위주의 평가가 이어진 것이다. 동일 매장 매출same store sales(유통업체는 점포 수가 매년 늘어나기 때문에 과거 점포 숫자를 기준으로 했을 때의 매출 증가액을 파악해 성장세를 가늠하기 위한 지표)이 얼마나 늘었는지를 기준으로 경영진의 성과를 평가했고, 단기 성과를 강조하는 주주들의 압력에 일부 점포는 고급 커피 문화와 아무런 상관이 없는 곰 인형을 팔아 추가 매출을 올리기도 했다.

이처럼 철학이 흔들리자 회사도 흔들렸다. 소비자들은 보다 확고한 철학을 지닌 경쟁사로 발길을 옮겼고 결국 스타벅스 창업자가 다시 경영 일선에 복귀해 초기의 철학으로 복귀하면서 다시 정상화의 길에 접어들 수 있었다. 스타벅스 창업자였던 하워드 슐츠는 스타벅스에 복귀한 이후 동일 매장 매출을 보고하는 관행부터 고쳤다. 그는 "철학 없는 성장은 암세포와 같다"는 메시지를 전하며 단기 이익을 추구하는 주주들의 압력에서 벗어나 재도약의 발판을 마련할 수 있었다.

저가 화장품으로 돌풍을 일으켰던 한 업체의 사례도 흥미롭다. 이 회사는 '왜 화장품 원재료의 가격은 저렴한데 소비자들이 화장품을 구입할 때는 훨씬 비싸지는 것일까?'라는 문제의식에서 출발했다. 이들은 낮은 가격에도 품질이 우수한 합리적인 화장품을 만들면서 시장에 돌풍을 일으켰다. 이 회사가 추구하는 철학은 명확했고 소비자들은 열광했다. 이 회사의 확고한 철학은 기업의 모든 활동에 침

투했다. 소비자에게 합리적 가격의 화장품을 제공하는 데 도움이 되지 않는 비싼 광고 모델을 쓸 필요도 없었고, 용기도 비싼 것을 쓸 이유가 없었다.

하지만 눈에 띄는 성공을 거둔 후에 이 업체에도 변화가 생겼다. 돈이 생기고 여유가 생기자 값비싼 모델을 써서 마케팅 활동을 해보기도 했으며 용기도 거품이 잔뜩 들어간 비싼 제품을 사다 썼다. 철학의 부조화는 전략의 부조화로 연결됐고 결국 이 회사도 쇠락의 길을 걷다가 다시 창업 초기의 철학으로 되돌아가기 위해 몸부림치고 있다.

이처럼 본질적인 존재 이유를 설명하는 진정성 있는 가치와 철학은 기업을 흥하게도 하고 망하게도 한다. 명확한 고객 가치, 사명의식, 존재 이유가 없다면 창조형 모방도 빛을 발할 수 없다. 성공 원리를 새로운 분야에 적용시켰다고 해서 창조형 모방이 성공을 보장해주지는 않는다.

기업이, 혹은 개인이 추구하는 가치와 철학에 진정성이 없고 고객들에게 명확한 편익을 가져다주지 못하면 실패할 수밖에 없다. 경쟁 강도가 높아질수록 가치와 철학은 더 강조돼야 한다. 한 사람 안에 여러 정신세계가 혼재하면 정신분열 진단을 받듯, 기업도 여러 가치와 철학이 혼재한다면 앞으로 나갈 수 없다. 조직원도 헷갈리고 고객도 헷갈린다. 혼란스러운 철학을 가진 기업은 단기적으로 혹은 운이 좋아서 성공할 수 있을지 몰라도 지속가능한 성장을 기대하긴 어렵다. 가치와 철학은 창조와 혁신의 뿌리이자 원동력이다.

02 절체절명의 순간을 노려라

절박함

우황청심환과 비타500, 옥수수 수염차에 이르기까지 수많은 창조형 모방 제품을 만들어낸 광동제약 최수부 회장은 자신만의 확고한 철학을 갖고 있었다. 그는 한방 의약품의 성분을 속이거나 제대로 제조하지 않는 일이 흔했던 시대에 제대로 된 성분을 넣은 약을 만들겠다는 명확한 철학을 실행에 옮겨 크게 성공했다. 하지만 이런 그도 큰 시련을 겪은 적이 있었다.

창업 초기 광동제약의 주력 상품은 한의학의 보약 중 하나인 경옥고였다. 이 경옥고에는 인삼이 들어갔는데 일부 업체가 인삼 대신 도라지를 넣어 제품을 만든 것이 적발되면서 문제가 터졌다. 경옥고 제품 전체에 대한 불신이 확산되면서 매출은 급격하게 떨어졌고 재고는 산더미처럼 쌓여갔다.

이런 절박한 상황에서 그는 과거에 홍콩이나 대만에서 봤던 한약 제품을 떠올렸다. 그 곳의 약재상에서는 일정한 처방에 따라 약재를 함량에 맞게 썰어두고 투명한 비닐 봉투에 넣어 팔고 있었다. 사람들은 이걸 사서 직접 달여 먹었다. 최 회장은 경옥고가 불신을 받고 있다면 이 방법이 해결책이 될 수 있겠다고 생각했다. 적어도 성분이나 함량에 대한 의심은 완전히 떨쳐버릴 수 있기 때문이다.

아이디어를 실행하는 과정은 쉽지 않았다. 한의사 등 한의학과 관련된 이해관계자들이 크게 반발했기 때문이다. 하지만 한방의 우수성을 알리고 소비자들의 불신을 없앨 수 있다는 논리로 최 회장은 정부와 이해관계자들을 설득하며 끝내 제품 출시에 성공했다. 다양한 한방 약재를 한눈에 확인하고 살 수 있다는 점에서 소비자들은 이 제품에 열광했고 광동제약은 위기를 성공적으로 극복할 수 있었다.[68]

교육 업체 대교의 강영중 회장도 유사한 사례를 경험했다. 과외 교습으로 사업을 성장시켰던 그는 정부의 과외금지 조치가 내려지자 한순간에 사업 기반을 상실했다. 절박한 상황에서도 그는 아이들을 특정 장소에 모아 공부를 시키는 것이 아니라 문제를 풀게 한 뒤 답안지를 채점해 가정에 배달해준다면 과외금지 조치를 피해갈 수 있겠다는 생각을 했다.

짜장면, 통닭과 같은 음식을 떠올리면 자연스레 따라오는 '배달'은 한국인에게 너무나 친숙한 사업 모델이다. 다만 과외금지 조치라는 절박한 정책이 나오기 전까지는 기존 사교육 업체 누구도 이런 비즈니스 모델을 자사에 도입하려고 하지 않았다. 하지만 위기가 찾아왔을 때 강 회장은 생존을 위해 과감하게 이 모델을 사업에 적용했다. 그리고 결론적으로 지금은 학습지 모델을 한국에서 가장 일반

화된 교육 수단 중 하나로 성장시켰다.[69]

두 사례에서 흥미로운 점은 최 회장이나 강 회장이 과거에도 혁신 아이디어에 대한 원천을 갖고 있었지만 절박함을 느끼기 전에는 이를 사업화할 생각이 없었다는 점이다. 최 회장은 대만과 홍콩을 여행할 때 새로운 개념의 제품을 눈여겨보았지만 눈앞에 위기가 발생한 후에야 이 방식을 한국에 도입하기로 결심했다. 강 회장도 과거에 배달 서비스를 수없이 봐왔지만 위기가 터지고 나서야 이를 자기 사업에 접목했다. 이미 주력 제품이 잘 나가고 있고 다른 고민을 할 것도 많은 상황에서는 굳이 새로운 도전에 나설 이유가 별로 없다. 이런 상황에서는 아무리 좋은 아이디어를 직접 보더라도 주력 제품의 성장과 직접적 관련이 없다면 해당 아이디어를 무시하게 된다.

생존에 위협이 가해지는 절박한 상황이 되면 누구라도 태도가 달라진다. 기능적 고착이나 범주화 같은 창의성을 가로막는 우리의 인식 패턴도 쉽게 극복할 수 있다. 절박함의 강도가 강해질수록 기능적 고착은 사라진다. 등이 가려운데 긁어줄 사람도, 효자손도 없나면 볼펜 같은 긴 물건을 찾게 된다. 이마저도 없다면 문에 등을 대고 몸을 움직여 가려움을 해소한다. 만약 절박하지 않았다면 볼펜이나 문이 내 등을 긁어줄 도구가 될 것이라는 생각을 해 보았겠는가. 절박함은 창의적 사고를 방해하는 뇌 구조와 관련한 문제를 일시에 해결해주는 가장 좋은 비책이다.

절박함이 창의성에 도움을 준다고 해서 절망이나 위기를 경험해야 혁신적 아이디어를 낼 수 있다는 의미는 아니다. 앞서 윤생진 전무의 사례처럼 '현재의 상황에 만족하지 않고 세계 최고 수준이 되겠다'는 높은 열망 수준을 갖고 있다거나 '즐거운 삶을 살고 싶다'와 같은 동기도 얼마든지 절박함을 유발할 수 있다.

과거 해외 호텔에 머물렀던 한국인들은 한국 음식을 그리워했다. 어느 투숙객은 삼겹살을 특히 그리워했는데 고기는 구할 수 있었지만 불판을 구할 수 없었다. 관광지에서 타인의 주방을 빌려 쓸 수도 없었던 터라 호텔 내부에서 문제를 해결해야 했다. 이런 절박함은 다리미의 기능적 고착을 해소시켰다. 다리미의 열로 삼겹살을 구워 먹을 수 있다는 생각이 떠올랐고 이들은 곧 실천에 옮겼다. 일종의 절박함에서 나온 발상으로 창의성 측면에서는 높이 살만한 기능적 고착 극복 사례다. 물론 문화적 측면에서는 그리 바람직하지 않은 행동인 듯하다. 이후 그 호텔 객실에서 다리미를 찾아볼 수 없게 됐다고 하니 말이다.

03 창의성은 제약을 좋아한다

의도적 제약

혁신이나 창의성은 어떤 제약도 없이 자유로운 사고를 해야 나올 수 있다고 생각하는 사람들이 많다. 하지만 현실에서는 극도의 제약이 전혀 새로운 접근법을 촉발하기도 한다. 일본의 하이쿠처럼 '극단적으로 짧은 분량에 감정을 담아내야 한다'는 제약이 가해지면 인간은 이를 극복하는 과정에서 전혀 새로운 접근법으로 감정을 표현하며 감탄을 자아내게 한다.

혁신 구호로 많이 쓰이는 문구 중에 '3% 개선은 불가능하지만 30% 개선은 가능하다'는 말도 이런 맥락이다. 3% 개선이라는 복표를 달성하기 위한 아이디어는 기존 사고방식의 틀을 크게 벗어나지 못한다. 따라서 단기적으로 3% 개선 목표를 달성하더라도 지속 가능한 성과를 내기는 힘들다.

반면 30%를 바꾸려면 기존의 접근법으로는 달성하기 힘들다. 방식과 절차를 완전히 바꾸지 않으면 이룰 수 없게 된다. 이런 제약을 극복하는 과정에서 창의성이 발현되며 이를 통해 나온 개선책은 근본적인 문제를 해결한 것이어서 시간이 지나도 얼마든지 지속 가능한 성장을 이룰 수 있게 한다.

의도적 제약이란 의도적으로 해결 목표나 탐색 방법 등을 제약하는 것을 의미한다. 가령 원가를 50% 줄이거나 매출을 300% 향상시키는 등 점진적incremental 변화로는 달성하기 어려운 목표를 수립한다거나, 적당히 부작용을 용인하지 않고 완벽한 문제 해결책을 찾는다거나, 추가 자원 투입 없이 우리가 이미 갖고 있는 자원만 활용해서 해결책을 찾아내는 식이다. 앞서 설명했던 것처럼 타타자동차의 나노 가격책정, 스와치의 시계 가격 책정, 웅진코웨이의 정수기 렌탈 서비스 가격 책정이 모두 이런 식이었다. 의도적으로 사고를 제한하면 기능적 고착 같은 현상이 나타나기 힘들다. 또 부작용이나 비용 부담을 없앤 근본적인 문제 해결책을 찾아내도록 유도할 수 있다.

어느 여고의 화장실에서 발생한 문제는 의도적 제약의 위력을 잘 보여준다. 한 여고 화장실 거울에 어느 날부터 입술자국이 늘기 시작했다. 일부 학생들로부터 립스틱을 바른 후 화장실 거울에 자국을 남기면 운이 좋아진다는 이야기가 퍼진 것이었다. 위생상으로도 좋지 않고 청소 등 관리도 어려워지기 때문에 이 문제를 개선하기 위한 아이디어를 모으기 시작했다.

대부분은 화장실에 CCTV를 설치하자거나, 거울에 와이퍼 같은 자동 세척 장치를 달거나, 감시 요원을 투입하거나, 홍보를 강화하자는 등의 의견을 내놓았다. 이는 모두 추가비용이 소요된다는 단점이 있었다. 또 그 효과도 지속되기 힘들다는 의견이 대부분이었다. 홍보와 감시를 강화한다 해도 학생들은 계속 거울에 키스하게 될 수 있다. 인간은 탄압을 받으면 금지된 행동을 더 하고 싶어 하기 때문이다.

만약 의도적으로 해결책을 제약해본다면 어떨까. 화장실 안에 있는 기존 물건만 이용해야 한다는 제약을 안고 아이디어를 떠올려보자. 돈 한 푼 들이지 않고 문제를 완벽하게 해결할 수 있다. 답은 간단하다. 학생들을 부른다. 화장실 청소를 하는 분이 바닥을 닦던 걸레를 들어 화장실 거울을 닦는다. 실제 이 방법을 적용한 이후 누구도 화장실 거울에 키스하지 않았다고 한다.[70]

의도적 제약은 적은 비용으로 최대 효과를 내는 모델 창출을 가져오는 원동력이다. 일본 편의점 세븐일레븐은 어느 날부터 빵 판매량이 줄어들고 있음을 깨달았다. 그 원인을 찾아보니 웰빙 식품에 대한 고객들의 요구가 늘면서 신선도에 대한 기대치가 높아졌기 때문이었다. 고객의 기대치에 부응하기 위해 매장에서 빵을 직접 반죽해 구우려면 전문 인력과 장비가 필요했는데 투자비용이 너무 많이 들었다.

경영진은 세븐일레븐의 기존 설비와 인력을 활용해서 제품을 만들어야 한다는 제약을 안고 해결책을 고민했다. 결국 냉동 반죽을 일본 전역에 공수한 뒤 거점 지역마다 빵을 구워 편의점으로 신속하게 배송하는 체제를 구축했다. 편의점이라는 제약이 오히려 더 혁신적인 모델을 만들어내는 원동력이 된 셈이다.

'창의성은 제약을 좋아한다creativity loves constraints'는 명언이 나온 것은 이런 이유에서다.

창조형 모방을 위한 마지막 조언

이 책은 '누구나 쉽게 따라할 수 있는 창조형 모방'을 표현하기 위해 가능한 한 많은 메시지와 문제해결 도구, 방법론과 사례를 담고자 노력했다. 창조형 모방이라 하여 뭔가 거창한 것을 기대했는데 책 속의 내용을 읽으며 '아, 이 정도면 나도 해볼 수 있겠다'고 느꼈다면 그것만으로도 내가 이 책을 쓴 충분한 이유가 성립된다. 실제로 책을 쓰면서 가능하면 쉽고 간결하게 전달하기 위해 사례 중심으로 내용을 전달했고, 각 항목마다 체계화된 단계를 만들기 위해 고심했다.

하지만 공부에 공부를 거듭하여 MBA 과정을 수료한 사람이라 하더라도 5년쯤 지나면 배웠던 내용의 80%를 잊어버린다. 공부하는 과정에서 그 어떤 치열한 고민을 했더라도 시간이 지나면 많은 지식들이 잊혀질 수밖에 없다. 이 책에 담긴 다양한 도구와 방법론, 사례들 역시 시간이 지나면 뇌리에서 잊혀져갈 것이다. 그런 노파심에 몇 가지 꼭 기억해야 할 사항을 다시금 정리해본다. 다음의 내용들을 잊지 않는다면 창조가 쉬워지는 '창조형 모방'을 자유자재로 활용하는 사람이 되리라 확신한다.

첫째, 문제의식이다. 사람마다 갖는 문제의식의 수준에는 차이가 있다. 하지만 누구라도 후천적 노력으로도 혁신가 수준의 문제의식을 가질 수 있다. 우리가 일상에서 접하는 모든 문제들을 문제의식의 관점에서 바라보는 훈련을 하면 된다.

출근길 도로가 막힌다면 왜 이런 문제가 생겼는지, 예산을 적게 들이면서도 문제를 근본적으로 해결할 방법은 없는지 고민해보면 다양한 형태의 아이디어들이 떠오를 수 있다. 아이디어의 실현 가능성이 중요한 것은 아니다. 하지만 이런 고민을 해보는 사람과 문제의식 없이 그냥 현실을 순응하는 사람 간에는 근본적인 성과 차이가 난다.

문전성시를 이루는 식당에 갔다면 성공 요인은 무엇일지, 이런 성공을 토대로 더 성장하기 위한 방법은 없는지 고민해라. 이런 식의 사고 습관을 갖는다면 누구라도 혁신가가 될 수 있다.

둘째, 책상에만 앉아있지 말라. 밖으로 나가 현장을 관찰하고, 탐문하고, 생각해야 한다. 새로운 혁신 아이디어를 짜내는 일을 막막한 작업으로 여기는 사람들이 많다. 그래서 뭔가 새로운 것을 찾아내려고 회의장에서 머리를 쥐어짜며 애쓰곤 한다.

하지만 무에서 유를 창조하는 것은 신神이나 할 수 있는 영역이다. 의자를 박차고 밖으로 나가 고객들이 어떻게 행동하는지 관찰하라. 당신이 알지 못했던 잠재고객, 혹은 영향력을 행사할 수 있는 누군가를 관찰하고 이들이 어떤 이해관계에 얽혀있는지 고민해보라. 고객들이 느낄 사소한 불만이나 불편함에 대해 고민하다 보면 새로운 핵심 과제를 떠올릴 수 있게 될 것이다.

셋째, 해답은 가까운 곳에 있다. 문제를 해결하는 과정에서 당신은 혼자가 아니다. 그러므로 절대 좌절할 필요가 없다. 배우자의 일상적인 행동이 해답을 줄 수도 있고, 친구의 사소한 말 한마디가 창의성의 원천이 될 수도 있다. 우리가 평소에 접하는 수많은 비즈니스 모델들이 창조적 영감의 원천이 될 수도 있으며 흔히 접하는 자연이 기막힌 혁신 아이디어를 줄 수 있다.

넷째, 모방 대상에 대한 탐색 범위를 확장하라. 동종 업계에서만 해결책을 찾아서는 안 된다. 이미 동종 업계의 움직임은 경쟁사 모두가 알고 있다. 따라서 차별화된 제품 및 서비스 아이디어를 경쟁사에서 구하고 싶다면 유사한 문제를 해결한 다른 산업이나 업종은 없는지, 보통 사람들은 어떤 방법으로 유사한 문제를 해결하고 있는지를 고민해보는 게 좋다.

다섯째, 원리를 모방해야 한다. 겉모양 모방은 가장 차원이 낮은 단계의 모방이다. 누구나 쉽게 할 수 있는 일이기도 하다. 똑같은 현상을 보더라도 매의 눈으로 핵심 원리를 간파할 수 있다면 성공은 한걸음 앞으로 다가온다.

다시 한번 말하지만 '다른 분야'에서 '원리'를 모방하면 예술의 경지에 이를 수 있다. 창조형 모방은 다른 분야에서의 성공 원리를 전혀 새로운 맥락에서 조합하는 것을 의미한다는 점을 마지막으로 강조하고 싶다.

1   http://www.juliantrubin.com/bigten/gutenbergmovable.html

2   김광희, 2003, 《경영학을 씹어야 인생이 달콤하다》, 미래와경영

3   조이영, 2009, 〈혁신적 조립라인 자동차 대중화시대 이끌어〉, 동아일보 4월 1일자

4   한국트리즈협회, 2009, 《비즈니스 트리즈》, 교보문고

5   김정남, 2011, 《애플 성공신화의 비밀》, 황금부엉이

6   서진영, 2011, 〈열린 세상 가운데서 혁신을 만나다〉, DBR 72호

7   로버트 서튼, 2010, 〈부하직원들의 마음에 주파수를 맞춰라〉, Mckinsey Quarterly 8월호, DBR 60호 번역 게재

8   http://www.bain.com/publications/business-insights/management-tools-and-trends-2011.aspx#

9   오데드 센카, 2011, 《카피캣》, 청림출판

10   도모노 노리오, 2007, 《행동경제학》, 이명희 역, 지형

11   김종훈, 2010, 《우리는 천국으로 출근한다》, 21세기북스

12   이미선, 《트렌드를 만드는 네일아트 & 테크닉》, 교학사

13   조미나 최혜리, 2011, 〈매니큐어 하나로 연매출 4,400억 원〉, 한국경제 3월 18일자

14   정소람, 2011, 〈의료용 제품 용도 바꾸니 줄줄이 대박〉, 한국경제 7월 16일자

15   하정민 외, 2009, 〈디자인 경영, CEO의 넥타이까지 바꿔라〉, DBR 47호

16   신병철, 2008, 《통찰의 기술》, 지형

17   대럴 릭비, 카라 그루버, 제임스 앨런, 2009, 〈분석+창의 양뇌형 조직으로 혁신하라〉, 하버드비즈니스리뷰 2009년 6월호, DBR 35호 번역

18 Uotila, J. et.al., 2009, Exploration, exploitation, and financial performance: analysis of S&P 500 corporations, Strategic Management Journal, Vol.30, Issue 2, 221-231.

19 Schumpeter, J., 1939, Business Cycles: A Theoretical Historical and Statistical Analysis of the Capitalist Process. McGraw-Hill, New York.

20 Schoemakers, W., Duysters, G,, 2010, The technological origins of radical inventions, Reserach Policy, 39, 1051-1059

21 박용, 2010, 〈더디 가도 고객 원하는 제품 만들자, 해피콜 슬로 마케팅으로 女心 사로잡다〉, DBR 71호

22 Ibid

23 곽준식, 2011, 〈다다익선? 10개의 장점보다 1개의 강렬함을…〉, DBR 86호

24 앨런 S. 밀러, 2008, 《처음 읽는 진화심리학》, 박완신 역, 웅진지식하우스

25 계도원, 2007, 《루펜하는 사람들의 고객가치 만들기》, 에이프릴컨설팅그룹

26 변지석, 2010, 〈시간 압박 벗고 멀리서 문제를 조망하라〉, DBR 49호

27 로렌 슬레이터, 2005, 《스키너의 심리상자 열기》, 조증열 역, 에코의 서재
     말콤 글래드웰, 2010, 《그 개는 무엇을 보았나》, 김태훈 역, 김영사

28 마이클 모부신, 2010, 《왜 똑똑한 사람이 어리석은 결정을 내릴까?》, 김정주 역, 청림출판

29 송미정, 2011, DBR 87호

30 레인 캐러더스, 2011, 《창의와 혁신의 브랜드 다이슨 스토리》, 박수찬

역, 미래사

31 김광현, 2010, 〈노키아의 관료화, 아이폰에 맞설 기회 놓쳤다〉, 한국경제 9월 27일자

32 Barton.D.L., 1992, Core Capabilities and core Rigidityities A paradox in Management New Product Development. Strategic Management Journal, 13:111-125

33 조관일, 2009,《상창력》, 흐름출판

34 윤창희, 2010, 〈아이디어 창업 2제〉, 중앙일보 12월 22일자

35 이사도어 샤프, 2011,《사람을 꿈꾸게 만드는 경영자》, 지식노마드

36 레인 캐러더스, 2011,《창의와 혁신의 브랜드 다이슨 스토리》, 박수찬 역, 미래사

37 한현우, 2011, 〈목사 되려던 이 남자, 떡볶이로 연매출 1,200억 올리다〉, 조선일보 9월 3-4일자

38 레이 데이비스 외, 2007,《움프쿠아처럼 체험을 팔아라》, 유영희 역, 파인트리

39 강한수, 2010, 〈메트오페라의 화려한 부활〉, DBR 67호

40 스즈키 오사무, 2010,《작아서 더 강한 기업 스즈키》, 김소운 역, 리더스북

41 하정민, 신수정, 2011, 〈Special Report: Market Attack〉, DBR 82호

42 이윤동, 2008, 〈창의적 디자이너 혁신제품 만든다〉, DBR 11호

43 김용진, 박용, 2011, 〈보이지 않는 고객에 신시장의 열쇠 있다〉, DBR 83호

44 김용성, 2011,《경영지해》, 교보문고

45 신성미, 현용진, 2009, 〈착한과자 콘셉트 뒤의 과학적 전략〉, DBR 47호

46 김상훈, 하정민, 2011, DBR 87호

47 송인광, 2011, 〈창업부터 세계시장 노리는 슈퍼벤처〉, 동아일보 4월14일자

48 http://blog.naver.com/mustache2978?Redirect=Log&logNo=60135222867

49 이영완, 2011, 〈홍합에서 연 10조원 시장을 찾았다〉, 조선일보 6월 15일자

50 유용하, 2009, 〈도마뱀 발바닥 응용한 강력 나노접착제 개발했다〉, 매일경제 3월17일자
   이영완, 2011, 〈도마뱀 발바닥에서 찾은 황금 기술〉, 조선일보 6월1일자

51 이영완, 2000, 〈생활 속에 깊이 파고든 나사의 첨단 기술〉, 동아사이언스

52 홍대길, 1998, 〈생활 속으로 파고드는 우주기술〉, 동아사이언스 10월호

53 김현수, 2006, 〈인스턴트라면 개발한 일 닛신식품 안도 모모후쿠 회장 방한〉, 동아일보 10월 8일자,
   정성호, 2011, 〈라면맛 비결 찾아라 안도 회상의 열도 감행, 일 부동의 1위 원동력〉, 한국경제 8월 18일자,

54 신병철, 2010, 〈탈레스, 지팡이 하나로 피라미드를 재다〉, DBR 62호

55 유니리, 2009, 〈파워브랜드 클리넥스〉, 스포츠서울USA 10월20일자
   한상엽, 2008, 〈아이디어의 통로를 확보하라, 톡톡 튀는 제품이 따라온다〉, DBR 2호

56 Madsen, P.M., Desai, V., 2010, Failing to Learn? The Effects of Failure and Success on Organizational Learning in the Global

Orbital Launch Vehicle Industry, Academy of Management Journal, Vol. 53, No. 3, 451–476

57 Osterwalder, A., Pigneur, Y., 2010, Business Model Generation: A Handbook for Visionaries, Game Changers, and Challengers, Wiley

58 Joslyn, H., 2009, Does Paraskilling Hold a Key to Helping Poor Nations?, The Chronicle of Philanthropy June 28

59 고중선, 〈저소득층 시장에서의 혁신? 유통망과 가격 장벽 잊지 마라〉, DBR 77호, Jian Shala.org

60 ibid

61 오상헌 외, 2011, 〈동대문 장사꾼의 고집, 거품 뺀 옷으로 승부〉, 한국경제신문 6월 9일자

62 김용진, 2010, 〈제품-서비스 통합, How와 Where에 집중하라〉, DBR 63호

63 신병철, 2009, 〈추격 원동력은 상식 뒤집는 혁신성〉, DBR 34호

64 R. Spekman and P. Farris, "Compact Fluorescent Bulbs: 15 Years Later," University of Virginia Darden School, 2008; and "CFL Market Profile," U.S. Department of Energy, March 2009. Cited by Day, G. S., Schoemaker, J.H., Innovation in Uncertain Markets: 10 Lessons for Green Technologies, MIT Sloan Management Review, Vol. 52, No. 4

65 이향휘, 2007, 〈○○○가 '3M의 창의력'을 망쳤다〉, 매일경제 6월 1일자

66 김남국, 2009, 〈기업 경계 허무는 4세대 R&D, 개방형 혁신〉, DBR 45호

67 김남국, 2005, 〈인스턴트 기업이 뜬다, 튀는 아이디어만 갖고 창업 후

대박〉, 한국경제 6월 12일자

68 최수부, 2004, 《뚝심경영》, 랜덤하우스중앙

69 강영중, 2010, 《배움을 경영하라》, 북스캔

70 김영식, 2008, 〈의도적 사고 제한으로 고정관념 허무는 ASIT의 지혜〉,
    DBR 14호

창조가 쉬워지는
모방의 힘

초판 1쇄 발행 2012년 7월 9일 초판 2쇄 발행 2012년 8월 20일

지은이 김남국
펴낸이 연준혁

출판 2분사 분사장 이부연
책임편집 우지현
제작 이재승

펴낸곳 (주)위즈덤하우스
출판등록 2000년 5월 23일 제13-1071호
주소 경기도 고양시 일산동구 장항동 846번지 센트럴프라자 609호
전화 031-936-4000 | 팩스 031-903-3891
홈페이지 www.wisdomhouse.co.kr
종이 월드페이퍼 | 인쇄·제본 현문 | 후가공 이지앤비

값 13,000원
ISBN 978-89-6086-540-2 [13320]

* 잘못된 책은 바꿔드립니다.
* 이 책의 전부 또는 일부 내용을 재사용하려면
  사전에 저작권자와 (주)위즈덤하우스의 동의를 받아야 합니다.

국립중앙도서관 출판시도서목록(CIP)

(창조가 쉬워지는) 모방의 힘 / 김남국 지음. — 고양 : 위즈덤하우스, 2012 p. ; cm ISBN 978-89-6086-540-2 13320 : ₩13000 경영 전략[經營戰略] 모방(본뜸)[模倣] 325.1-KDC5 658.401-DDC21　　　　　　　CIP2012002756